DAS BUCH BERESCHIT
— GENESIS —

Übersetzt von
RABBINER SAMSON RAPHAEL HIRSCH

בְּרֵאשִׁית

INHALT

BERESCHIT

Kapitel 1	3
Kapitel 2	7
Kapitel 3	10
Kapitel 4	13
Kapitel 5	16
Kapitel 6.1	19

NOACH

Kapitel 6.2	23
Kapitel 7	25
Kapitel 8	28
Kapitel 9	31
Kapitel 10	34
Kapitel 11	37

LECH LECHAH

Kapitel 12	43
Kapitel 13	46
Kapitel 14	49
Kapitel 15	52
Kapitel 16	55
Kapitel 17	57

WAJERA

Kapitel 18	63
Kapitel 19	67
Kapitel 20	72
Kapitel 21	75
Kapitel 22	79

CHAJE SARAH

Kapitel 23	85
Kapitel 24	88
Kapitel 25.1	95

TOLDOT

Kapitel 25.2	99
Kapitel 26	101
Kapitel 27	105
Kapitel 28.1	110

WAJEZE

Kapitel 28.2	115
Kapitel 29	117
Kapitel 30	121
Kapitel 31	126
Kapitel 32.1	132

WAJISCHLACH

Kapitel 32.2	135
Kapitel 33	139
Kapitel 34	142
Kapitel 35	146
Kapitel 36	149

WAJESCHEW

Kapitel 37	155
Kapitel 38	159
Kapitel 39	163
Kapitel 40	166

MIKETZ

Kapitel 41	171
Kapitel 42	177
Kapitel 43	181
Kapitel 44.1	185

WAJIGASCH

Kapitel 44.2	189
Kapitel 45	192
Kapitel 46	195
Kapitel 47.1	199

WAJECHI

Kapitel 47.2	205
Kapitel 48	206
Kapitel 49	209
Kapitel 50	213

BERESCHIT

KAPITEL EINS

Von Anfang hat Gott den Himmel und die Erde verschaffen.
²·Und diese Erde war einst unklar und ungeschieden, und Finsternis auf dem Gewoge; und ein Gottes- Odem über den Wassern schwebend.
³·Da sprach Gott: Es werde Licht! Und da ward Licht.
⁴·Gott schaute das Licht an, dass es gut sei, und es schied Gott zwischen dem Lichte und der Finsternis.
⁵·Und Gott rief dem Lichte: Tag! und der Finsternis rief er: Nacht! Es ward Abend, es ward Morgen: Ein Tag.
⁶·Gott sprach: Es werde eine Wölbung in Mitte der Wasser und sie bleibe scheidend zwischen Wassern und Wassern.
⁷·Es machte Gott die Wölbung und schied zwischen den Wassern, die unter der Wölbung, und den Wassern, die über der Wölbung sind, und da ward es also.
⁸·Gott rief der Wölbung: Himmel! Und es ward Abend und es ward Morgen: ein zweiter Tag.

⁹·Gott sprach: Es sammeln sich die Wasser von unter dem Himmel weg zu einem Orte hin, und sichtbar werde das Trockene! Da ward es also.

¹⁰·Gott rief dem Trockenen: Erde! und der Sammlung der Wasser rief er: Meere! Und Gott sah, dass es gut sei.

¹¹·Gott sprach: Es treibe die Erde Getriebe, Samen streuendes Kraut, Fruchtbaum, Frucht für seine Gattung bildend, in welcher sein Same liegt über der Erde. Und da ward es also.

¹²·Die Erde setzte Getriebe hinaus, für seine Gattung Samen streuendes Kraut, und Frucht bildenden Baum, in welcher sein Samen liegt für seine Gattung; und Gott sah, dass es gut sei.

¹³·Und es ward Abend und es ward Morgen: ein dritter Tag.

¹⁴·Gott sprach: Es werde eine Einheit von Lichtträgern an dem Gewölbe des Himmels, zu unterscheiden zwischen dem Tage und der Nacht; und sie sollen auch dienen zu Zeichen und zu Festzeiten, und für Tages- und Jahreszeiten.

¹⁵·An dem Gewölbe des Himmels sollen sie zu Lichtträgern werden, Licht über die Erde zu spenden. Und da ward es also.

¹⁶·Es hat also Gott die beiden großen Lichtträger gemacht, den großen Lichtträger zur Beherrschung des Tages, den kleinen Lichtträger zur Beherrschung der Nacht und die Sterne.

¹⁷·Es hat also Gott sie an das Gewölbe des Himmels gegeben, Licht über die Erde zu spenden,

¹⁸·zu herrschen am Tage und in der Nacht und zu scheiden zwischen dem Lichte und der Finsternis, und es war Gott der sah, dass es so gut sei.

¹⁹·Und es ward Abend und es ward Morgen: ein vierter Tag.

²⁰·Es sprach Gott: Die Wasser sollen wimmeln von sich bewegenden lebenden Wesen, und der Vogel fliege über der Erde vor der Wölbung des Himmels.

²¹·Es ist also Gott, der die großen Fischgeschlechter

erschaffen und auch alle die Wesen des kleinen sich fortbewegenden Lebens, von welchen die Wasser für ihre Gattungen wimmelnd geworden, und jeden beschwingten Vogel für seine Gattung, und Gott sah, dass es gut sei.

²²·Gott segnete sie also: Seid fruchtbar und vermehret euch und füllet die Wasser in den Meeren, aber der Vogel vermehre sich auf der Erde.

²³·Und es ward Abend und es ward Morgen: ein fünfter Tag.

²⁴·Gott sprach: Es setze die Erde hinaus lebendes Wesen für seine Gattung, Vieh und Kriechendes und Tier der Erde für seine Gattung. Und es ward also.

²⁵·Es hat also Gott das Tier der Erde für seine Gattung gebildet, das Vieh für seine Gattung, und alles Kriechende des Erdbodens für seine Gattung, und Gott sah, dass es gut sei.

²⁶·Gott sprach: Wir wollen einen Adam (Stellvertreter) machen in einer unser würdigen Hülle wie es unserm Ebenbilde entspricht, und sie sollen ihre Herrschaft üben an dem Fische des Meeres und an dem Vogel des Himmels und an dem Viehe und an der ganzen Erde und an allem Gewürm, das dahinschreitet auf der Erde.

²⁷·Da schuf Gott den Menschen in einer seiner würdigen Hülle; in Gottes würdiger Hülle hat er ihn geschaffen; männlich und weiblich hat er sie geschaffen.

²⁸·Und Gott segnete sie und es sprach Gott zu ihnen: Seid fruchtbar und verfielfältigt euch und füllet die Erde und bezwinget sie, und übet eure Herrschaft an dem Fische des Meeres, an dem Vogel des Himmels und an allem Tier, das dahin schreitet auf Erden.

²⁹·Gott sprach: Siehe ich habe euch alles Samen streuende Kraut, welches auf der Oberfläche der ganzen Erde ist, und jeden

Baum übergeben, an welchem Samen streuende Baumfrucht ist; euch sei es zur Nahrung;

[30.]allem Tier der Erde aber, allem Vogel des Himmels und allem, was auf Erden dahin schreitet, in welchem lebendige Seele ist, alles Grüne der Pflanzen zur Nahrung; da ward es also.

[31.]Gott sah was er geschaffen hatte insgesamt, und siehe da, es war sehr gut. Es ward Abend, es ward Morgen: der sechste Tag.

KAPITEL ZWEI

Es waren also der Himmel und die Erde und ihr ganzes Heer zum Ziele geführt.
²·Da vollendete Gott mit dem siebten Tage sein Werk, das er gemacht hatte, und hörte mit dem siebten Tage von jeglichem seinem Werke, das er gemacht hatte, auf.

³·Gott segnete den siebten Tag und heiligte ihn; denn mit ihm hatte er von allem seinem Werke aufgehört, welches Er, Gott, ins Dasein gesetzt hatte, es fort zu gestalten.

⁴·Dies sind die Erzeugnisse des Himmels und der Erde, die bereits in ihrer Erschaffung mit dem Tage, an welchem *Gott* Erde und Himmel gestaltete, gegeben waren.

⁵·Alles Wachstum des Feldes war noch vor dem Werden auf der Erde, und alles Kraut des Feldes noch vor dem Wachsen; denn es hatte *Gott* noch nicht regnen lassen auf Erden, und der Mensch war nicht da, den Menschen-Boden zu bearbeiten.

⁶·Und ein Dunst stieg fortwährend von der Erde auf, und tränkte die ganze Fläche des Menschen-Bodens.

⁷·Da bildete *Gott* den Menschen, Staub von dem Menschen-Boden, und hauchte in sein Antlitz Odem des Lebens, und so ward der Mensch zu einer lebendigen Persönlichkeit.

⁸·Und es pflanzte *Gott* einen Garten in Eden zu Osten und setzte dorthin den Menschen, den er gebildet hatte.

⁹·Jeglichen Baum ließ *Gott* aus dem Menschen-Boden wachsen, reizend für den Anblick und gut für den Genuss, und den Baum des Lebens in der Mitte des Gartens, und auch einen Baum der Erkenntnis was gut sei und bös.

¹⁰·Und ein Strom geht von Eden aus, den Garten zu tränken, und von dort trennt er sich und wird zu vier Ursprüngen.

¹¹·Des einen Namen ist Pischon, es ist dies derjenige, welcher das ganze Land Chawila einschließt, woselbst das Gold ist.

¹²·Das Gold dieses Landes ist gut; dort ist auch der Bedolach und der Schohamstein.

¹³·Der Name des zweiten Stromes ist Gichon; es ist dies derjenige, der das ganze Land Kusch einschließt.

¹⁴·Der Name des dritten Stromes ist Chidekel; es ist dies derjenige, welcher Aschur zu Osten fließt, und der vierte Strom ist der Euphrat.

¹⁵·*Gott* nahm den Menschen und stellte ihn in den Garten Eden, ihn zu bearbeiten und zu hüten.

¹⁶·Und es legte *Gott* dem Menschen das Gebot auf: Von jeglichem Baume des Gartens darfst du sehr wohl essen;

¹⁷·aber von dem Baume der Erkenntnis dessen, was gut und bös ist, sollst du nicht essen; denn an dem Tage, an welchem du von ihm issest, musst du sterben.

¹⁸·*Gott* sprach: Es ist nicht gut, dass der Mensch allein sei, ich will ihm eine Hülfe schaffen, wie sie sich ihm gegenüber eignet.

¹⁹·Da trieb *Gott* alles Tier des Feldes und alles Geflügel des

Himmels von der Menschenerde zusammen und brachte sie zum Menschen, damit er sehe, was er sich nennen werde, und alles, wie sich's der Mensch als lebendiges Wesen nennt, das ist sein Name.

[20] Der Mensch nannte allem Viehe und allem Geflügel des Himmels und allem Tier des Feldes Namen, aber für einen Menschen fand er keine entsprechende Hülfe.

[21] Da ließ *Gott* eine Betäubung über den Menschen fallen als er schlief, nahm eine von seinen Seiten und schloss Fleisch an deren Stelle.

[22] Sodann gestaltete *Gott* die Seite, die er von dem Menschen genommen hatte, zum Weibe und brachte sie zum Menschen.

[23] Da sprach der Mensch: Diese endlich ist es! Bein von meinem Beine und Fleisch von meinem Fleische! Diese mag Männin genannt werden, denn von einem Manne ward diese genommen.

[24] Darum verläßt der Mann seinen Vater und seine Mutter und schließt sich seinem Weibe an, und sie werden zu Einem Fleische.

[25] Es waren beide, der Mensch und sein Weib, nackt und sie schämten sich nicht.

KAPITEL DREI

Es war aber die Schlange listiger als alles Tier des Feldes, welches Gott gemacht hatte, und sie sprach zum Weibe: Wenn gleich *Gott* es gesagt, solltet ihr von all den Bäumen des Gartens nicht essen?

²·Da sprach das Weib zur Schlange: Von der Frucht der Bäume des Gartens dürfen wir wohl essen;

³·Aber von der Frucht des Baumes, der in der Mitte des Gartens sich befindet, hat Gott gesprochen, von dem sollt ihr nicht essen und ihn nicht anrühren, sonst werdet ihr sterben.

⁴·Darauf sprach die Schlange zum Weibe: Ihr werdet nicht alsobald sterben.

⁵·Gott weiß es recht wohl, an dem Tage, an welchem ihr von ihm esset, werden euch die Augen aufgehen, werdet ihr Gott gleich sein, wissend, was gut ist und bös.

⁶·Als nun die Frau sah, dass der Baum gut zur Speise und dass er eine Lust sei für die Augen und köstlich der Baum für die

Betrachtung, da nahm sie von seiner Frucht und aß, und gab auch ihrem Manne von ihr und er aß.

7. Da gingen ihnen beiden die Augen auf, — sie erkannten, — dass sie nackt waren! Da flochten sie Feigenblätter und machten sich Schürzen.

8. Sie hörten die Stimme Gottes sich zurückziehend im Garten zur Seite des Tages, und da verbarg sich der Mensch und sein Weib vor dem Anblick *Gottes* unter die Bäume des Gartens.

9. Da rief *Gott* dem Menschen zu und sprach zu ihm: Wo bist du?

10. Er erwiderte: Deine Stimme habe ich im Garten gehört, da fürchtete ich mich, weil ich nackt bin und darum verbarg ich mich.

11. Er sprach: Wer hat dir denn zum Bewusstsein gebracht, dass du nackt seiest? Hast du von dem Baume, von dem ich dir geboten nicht zu essen, gegessen?

12. Da sprach der Mensch: Die Frau, die du mir ja zur Seite gegeben, sie gab mir von dem Baume und ich aß.

13. Da sprach *Gott* zum Weibe: Was hast du getan?! Das Weib aber erwiderte: Die Schlange hat mich getäuscht und da aß ich.

14. Da sprach *Gott* zur Schlange: Da du dies getan, trifft dich der Fluch mehr als alles Vieh und alles Tier des Feldes. Auf deinem Bauche sollst du kriechen und Staub essen so lange du lebst.

15. Und Feindschaft setze ich zwischen dir und dem Weibe und zwischen deinem und ihrem Samen. Er wird dich auf das Haupt treffen und du wirst ihn auf die Ferse treffen.

16. Zum Weibe aber hatte Er gesprochen: Deine Entsagung und Empfängnis werde ich noch größer sein lassen, in Entsagung wirst du Kinder gebären, zu deinem Manne hin wird deine Sehnsucht sein und er wird über dich herrschen.

¹⁷·Und zu Adam hatte Er gesprochen: Weil du der Stimme deines Weibes gehorcht und von dem Baume gegessen hast, von dem ich dir geboten und gesagt hatte, du sollst nicht von ihm essen: trifft die Erde um deinetwillen Fluch, in Entsagung sollst du sie genießen so lange du lebst.

¹⁸·Stachel und Klette wird sie dir wachsen lassen und du müsstest das Gras des Feldes essen.

¹⁹·Im Schweiße deines Angesichtes nur wirst du Brot essen bis du zu der Erde zurückkehrst; denn ihr bist du entnommen; denn Erde bist du und zu Erde kehrst du wieder.

²⁰·Es nannte aber der Mensch den Namen seiner Frau Chawa; denn sie war die Mutter aller Lebendigen geworden.

²¹·Und Gott machte Adam und seinem Weibe Röcke von Fellen und bekleidete sie.

²²·Es sprach Gott: So ist der Mensch also wie das eine seiner Wahl überlassene geworden, selbst zu wissen was gut ist und bös; und nun könnte er sich vergreifen und auch von dem Baume des Lebens nehmen und essen und ewig leben.

²³·Darum entsendete ihn *Gott* aus dem Garten Eden, die Erde zu bearbeiten, welcher er entnommen worden war.

²⁴·Und er vertrieb den Menschen; und lagerte ostwärts zum Garten Eden die Cherubim und die Flamme des sich umwälzenden Schwertes, den Weg zum Baume des Lebens zu wahren.

KAPITEL VIER

D er Mensch aber hatte seine Frau Chawa erkannt. Sie empfing und gebar den Kajin; sie sprach nämlich: Ich habe einen Mann mit *Gott* erworben.
2. Sie gebar ferner seinen Bruder, den Hebel. Hebel ward ein Schafhirte, Kajin aber war ein Ackerbauer.
3. Es war nach Ablauf einer Zeit, da brachte Kajin von der Frucht der Erde *Gott* ein Opfer.
4. Und auch Hebel brachte gleichfalls von den Erstgeburten seiner Schafe und von deren besten. Da wandte sich *Gott* zu Hebel und seinem Opfer,
5. aber zu Kajin und seinem Opfer wendete er sich nicht; es verdross dies Kajin sehr, und es senkte sich sein Angesicht.
6. Da sprach *Gott* zu Kajin: Warum verdrießt es dich, und warum ist dein Angesicht gesenkt?
7. Siehe, ob du deinen Vorzug zum Guten verwenden, oder nicht zum Guten verwenden wirst, dazu ruht die Sünde vor der Tür; ja zu dir geht ihr Sehnen, dass du sie beherrschest.

⁸·Kajin sagte dies seinem Bruder Hebel. Es war aber, während sie ihm Felde waren, da überfiel Kajin seinen Bruder Hebel und erschlug ihn.

⁹·Da sprach *Gott* zu Kajin: Wo ist dein Bruder Hebel? Er erwiderte: Ich weiß nicht; bin ich der Hüter meines Bruders?

¹⁰·Er aber sprach: Was hast du gethan! Hörst du die Stimmen? Es sind die zerspritzten Blutstropfen deines Bruders! Sie schreien zu mir auf von dem Menschenboden.

¹¹·Und nun, du hast schon den Fluch! Von dem Menschenboden, der seinen Mund öffnen musste, das zerspritzte Blut deines Bruders von deiner Hand hinzunehmen.

¹²·Wenn du den Menschenboden bearbeitest, wird er dir seine Kraft nicht mehr geben; unstät und flüchtig wirst du auf der Erde sein.

¹³·Da sprach Kajin zu *Gott*: Zu groß ist meine Sünde, als dass ich sie ertragen könnte!

¹⁴·Siehe, du hast mich heute von der Fläche des Menschenbodens vertrieben, und auch vor deinem Angesichte soll ich verborgen sein, soll unstät und flüchtig auf der Erde sein, und es wird ja jeder, der mich trifft, mich erschlagen!

¹⁵·Da sprach über ihn *Gott*: Darum, wer Kajin töten wollte! Es wird ja so siebenfach Rache an ihm genommen! So machte Gott dem Kajin ein Wahrzeichen, dass keiner, der ihn treffe, ihn erschlage.

¹⁶·Da ging Kajin fort aus dem Angesichte *Gottes*, und ließ sich im Lande Rod nieder, ostwärts von Eden.

¹⁷·Da erkannte Kajin seine Frau, sie empfing und gebar Chanoch. Er ward ein Stadterbauer und nannte den Namen der Stadt nach dem Namen seines Sohnes Chanoch.

¹⁸·Dem Chanoch wurde Irad geboren, Irad erzeugte Mechujael, Mechijael Methuschael, Methuschael erzeugte Lemech.

¹⁹·Lemech nahm sich zwei Frauen; die eine hieß Ada, die andere Zilla.

²⁰·Ada gebar Jabal; dieser war der erste der seßhaften Viehzucht.

²¹·Seines Bruders Name war Jubal; dieser war der erste aller Harfen- und Flötenspieler.

²²·Auch Zila gebar Thubal-Kajin, der schärfte alles, was Kupfer und Eisen schneidet. Thubal-Kajins Schwester aber war Naama.

²³·Da sprach Lemech zu seinen Frauen: Ada und Zilla, höret meine Stimme, Frauen Lemechs, vernehmet meine Rede; denn einen Mann habe ich getötet zu meiner Wunde und ein Kind zu meiner Beule.

²⁴·Wenn auf Kajin die Rache siebenfach ruht, so auf Lemech sieben und siebenzigfach!

²⁵·Adam aber erkannte wieder seine Frau, sie gebar einen Sohn und nannte ihn Scheth; denn Gott hat mir einen anderen Samen gesetzt an Hebels Statt; denn ihn hatte Kajin erschlagen.

²⁶·Und dem Scheth ward auch ein Sohn geboren; er nannte ihn Enosch. Damals fing man an im Namen *Gottes* zu verkünden.

KAPITEL FÜNF

Dieses Buch sind Entwicklungen Adams. An dem Tage, an welchem Gott Adam schuf, bildete er ihn in Ähnlichkeit Gottes.
2. Männlich und weiblich hat er sie erschaffen, und segnete sie und nannte sie Adam an dem Tage als sie erschaffen wurden.
3. Adam lebte 130 Jahre, da zeugte er in seiner Ähnlichkeit nach seiner Gestalt und nannte ihn Scheth.
4. Adams Tage, nachdem er Scheth gezeugt, waren 800 Jahre und er zeugte Söhne und Töchter.
5. Als alle Tage Adams, die er lebte, 930 Jahre waren, starb er.
6. Scheth lebte 105 Jahre, dann zeugte er Enosch.
7. Nachdem er Enosch gezeugt hatte, lebte Scheth noch 807 Jahre und zeugte Söhne und Töchter.
8. Als alle Tage Scheths 912 Jahre waren, starb er.
9. *Enosch* lebte 90 Jahre, dann zeugte er Kenan.
10. Nachdem er Kenan gezeugt hatte, lebte Enosch noch 815 Jahre und zeugte Söhne und Töchter.

¹¹·Als alle Tage Enoschs 905 Jahre waren, starb er.

¹²·Kenan lebte 70 Jahre, dann zeugte er Mahalallel.

¹³·Nachdem er Mahalallel gezeugt hatte, lebte Kenan noch 840 Jahre und zeugte Söhne und Töchter.

¹⁴·Als alle Tage Kenans 910 Jahre waren, starb er.

¹⁵·*Mahalallel* lebte 65 Jahre, dann zeugte er Jered.

¹⁶·Nachdem er Jered gezeugt hatte, lebte Mahalallel noch 830 Jahre und zeugte Söhne und Töchter.

¹⁷·Als alle Tage Mahalallels 895 Jahre waren, starb er.

¹⁸·Jered lebte 162 Jahre, dann zeugte er Chanoch.

¹⁹·Nachdem Jered Chanoch gezeugt hatte, lebte Jered noch 800 Jahre und zeugte Söhne und Töchter.

²⁰·Als alle Tage Jereds 962 Jahre waren, starb er.

²¹·Chanoch lebte 65 Jahre, dann zeugte er Methuschelach.

²²·Nachdem er Methuschelach gezeugt hatte, wandelte Chanoch mit Gott 300 Jahre und zeugte Söhne und Töchter.

²³·Alle Tage Chanoch's waren 365 Jahre.

²⁴·Chanoch wandelte mit Gott und war nicht mehr da, denn Gott hatte ihn fortgenommen.

²⁵·Methuschelach lebte 187 Jahre, dann zeugte er Lemech.

²⁶·Nachdem er Lemech gezeugt hatte, lebte Methuschelach noch 782 Jahre und zeugte Söhne und Töchter.

²⁷·Als alle Tage Methuschelach's 960 Jahre waren, starb er.

²⁸·Lemech lebte 182 Jahre, dann zeugte er einen Sohn.

²⁹·Er nannte ihn Noach, um damit zu sagen: Dieses nur kann uns trösten von unserem Schaffen und von der Entsagung unserer Hände, von dem Boden, den Gott mit Fluch getroffen.

³⁰·Nachdem er Noach gezeugt, lebte Lemech noch 595 Jahre und zeugte Söhne und Töchter.

³¹·Als alle Tage Lemech's 777 Jahre waren, starb er.

³²·Noach war bereits 500 Jahre alt, da zeugte Noach Schem, Cham und Japhet.

KAPITEL 6.1

Es war, da die Menschen sich auf dem Erdboden zu vermehren begannen und ihnen Töchter geboren waren,
²·da sahen die Söhne des göttlichen Geschlechtes die Töchter des Menschen, dass sie schön waren, und nahmen sich Frauen, woher es ihnen gefiel.
³·Da sprach Gott: Mein Geist in dem Menschen wird nicht immer Richter bleiben, da dieser ja auch Fleisch ist; so sollen denn seine Tage 120 Jahre sein.
⁴·Die Riesen waren in jenen Tagen auf der Erde und auch nachher, als schon die Söhne des göttlichen Geschlechtes zu den Töchtern des Menschen kamen, und diese ihnen Kinder gebaren. Das sind die Helden, die aus grauer Vergangenheit die berühmten Männer sind.
⁵·Als Golt sah, dass das Unheil des Menschen groß auf Erden und jedes Gebilde der Gedanken seines Herzens nur schlecht jeden Tag war:

⁶·da ward *Gott* zur Änderung seines Entschlusses, dass er den Menschen auf Erden geschaffen, veranlaßt, und er betrübte sich um sein Herz.

⁷·Da sprach *Gott*: Ich will den Menschen von der Fläche des Erdbodens weg löschen vom Menschen bis zum Viehe, bis zum Gewürm und bis zum Vogel des Himmels; denn ich bin veranlaßt, den Entschluss zu ändern, dass ich sie geschaffen habe.

⁸·Noach aber erreichte Wohlwollen in den Augen *Gottes*.

NOACH

KAPITEL 6.2

Dies sind die Erzeugnisse Noachs. Noach, ein gerechter Mann, war in seinen Zeiten sittenrein; mit Gott führte sich Noach.

10. Da zeugte Noach drei Söhne, *Schem, Cham* und *Japhet.*

11. Es ward aber die Erde vor dem Angesichte Gottes verderbt, und da ward die Erde des Unrechts voll.

12. Da sah Gott die Erde, und siehe, sie war verderbt; denn es hatte alles Fleisch seinen Wandel auf der Erde verderbt.

13. Da sprach Gott zu Noach: Das Ende alles Fleisches ist vor mich gekommen, denn die Erde ist voller Unrecht vor ihnen geworden, und so bin ich im Begriff, sie mit der Erde zu verderben.

14. Mache dir eine Arche aus Gopherholz, aus Tierbehältern bestehend sollst du die Arche machen, und sie von innen und außen mit Pech bedecken.

15. Dies ist's, wie du sie machen sollst: Dreihundert Ellen die

Länge der Arche, fünfzig Ellen ihre Breite und dreißig Ellen ihre Höhe.

[16.]Eine Beleuchtung machst du der Arche, und lässest sie obwärts bis zu einer Elle abnehmen; die Türe der Arche bringst du an die Seite an; mit unterstem, zweitem und drittem Stockwerk machst du sie.

[17.]Und ich — siehe ich bringe die Entseelung durch Wasser über die Erde, alles Fleisch, in welchem Lebensgeist ist, unter dem Himmel verderbend zu entfernen; alles, was auf Erden ist, soll erstarren.

[18.]Mit dir aber werde ich meinen Bund aufrecht halten, du wirst in die Arche gehen, du und deine Söhne und deine Frau und die Frauen deiner Söhne mit dir.

[19.]Und von allem Lebendigen, aus allem Fleische sollst du zwei von Jeglichem in die Arche aufnehmen, sie mit dir zu erhalten; männlich und weiblich sollen sie sein.

[20.]Von dem Vogel für seine Gattung und von dem Viehe für seine Gattung, von allem Gewürm des Erdbodens für seine Gattung, werden zwei von Jeglichem zu dir kommen, damit du sie erhaltest.

[21.]Du aber nimm dir von aller zur Speise dienenden Nahrung und sammle sie zu dir ein, damit sie dir und ihnen zur Speise diene.

[22.]Noach tat's; alles wie Gott ihm geboten hatte, also tat er.

KAPITEL 7

Da sprach *Gott* zu Noach: Gehe du und dein ganzes Haus in die Arche; denn dich habe ich gerecht vor mir gesehen in diesem Zeitalter.
2. Von allem reinen Viehe nimm dir je sieben, das Mann-Tier und sein Weib; von dem Viehe aber, das nicht rein ist, zwei, das Mann-Tier und sein Weib.
3. Auch von dem Vogel des Himmels, je sieben, männlich und weiblich; Samen zu beleben über die ganze Erdfläche hin.
4. Denn der Tage sind noch sieben, dann lasse Ich auf die Erde vierzig Tage und vierzig Nächte niederregnen, und lösche alles Bestehende, das ich gestaltet habe, weg von der Fläche des Erdbodens.
5. Da tat Noach alles wie ihm *Gott* befohlen.
6. Noach war ein Mann von 600 Jahren, da war die Entseelung durch Wasser auf Erden.
7. Da ging Noach, seine Söhne, seine Frau und die Frauen

seiner Söhne mit ihm, in die Arche, flüchtend vor dem Wasser der Entseelung.

8. Von dem reinen Viehe und vom Viehe, das nicht rein ist, so wie von dem Geflügel und allem was auf dem Erdboden kriecht,

9. paarweise kamen sie zu Noach in die Arche, männlich und weiblich, wie Gott Noach geboten hatte.

10. Es war nach den sieben Tagen, da waren die Wasser der Entseelung auf der Erde.

11. Im sechshundertsten Jahre des Lebens Noach's, im zweiten Monate, am 17. Tage des Monates, an diesem Tage wurden alle Quellen der großen Flut aufgerissen und die Schleusen des Himmels geöffnet.

12. Und es kam der Regen über die Erde vierzig Tage und vierzig Nächte.

13. An eben diesem Tage kam Noach und Schem, Cham und Japhet, die Söhne Noach's, und Noach's Frau und die Frauen seiner Söhne mit ihnen in die Arche.

14. Sie und alles Tier für seine Art und alles Vieh für seine Art und alles, was auf Erden kriecht für seine Art und alles Fliegende für seine Art, jedes gefiederte Tier von jeglicher Art Flügel.

15. Paarweise von allem Fleische, in welchem Lebensgeist ist, kamen sie zu Noach in die Arche.

16. Die Kommenden kamen männlich und weiblich von jeglichem Fleische, wie ihm Gott befohlen, und da schloß *Gott* um ihn schützend zu.

17. Die Entseelung war 40 Tage auf der Erde, und wie die Gewässer sich mehrten, da hoben sie die Arche, und sie stand hoch oberhalb der Erde.

18. Erst als die Wasser schwollen und sehr viel über der Erde wurden, ging die Arche auf der Fläche des Wassers.

19. Die Wasser waren aber auch so ungemein hoch über die

Erde geschwollen, dass alle hohen Berge unter dem ganzen Himmel bedeckt waren.

20. Fünfzehn Ellen höher waren die Wasser angeschwollen, so dass die Berge bedeckt waren.

21. Es erstarrte alles Fleisch, was auf Erden auftritt, an Vogel und Vieh und Waldtier und an allem auf der Erde kriechenden Gewürm; und alle Menschen.

22. Alle, in deren Antlitz der Hauch des Lebensgeistes war, von allem was sich auf dem Trockenen befindet, starben.

23. Und es löste alles Selbständige auf, das auf der Fläche des Erdbodens war, vom Menschen bis Vieh, Gewürm und Vogel des Himmels; sie wurden von der Erde weggelöscht, und nur Noach und was bei ihm in der Arche war blieb übrig.

24. So schwollen die Wasser über der Erde 150 Tage.

KAPITEL 8

Da gedachte Gott des Noachs und aller Tiere und alles Viehes, welche mit ihm in der Arche waren, und es führte Gott einen Wind über die Erde, da stillten sich die Wasser.

2. Es wurden die Quellen der Flut und die Schleusen des Himmels geschlossen, und es wurde der Regen vom Himmel zurückgehalten.

3. Es kehrten immer mehr die Wasser von oberhalb der Erde zurück und nach 150 Tagen nahmen die Wasser ab.

4. Im 7. Monat, am 17. Tage des Monats ruhte die Arche auf den Bergen Ararats.

5. Die Wasser aber nahmen immer mehr ab bis zum zehnten Monat. Im zehnten Monat, am ersten des Monats, wurden die Spitzen der Berge sichtbar.

6. Da war es denn, nach Verlauf von 40 Tagen öffnete Noach das Fenster der Arche, welches er gemacht hatte.

7. und entsendete den Raben; dieser flog aus und kam immer

wieder zurück, bis die Wasser anfingen abzutrocknen von der Erde.

⁸·Darauf entsendete er die Taube von sich, zu sehen, ob die Wasser von der Fläche des Erdbodens abgenommen hatten.

⁹·Es fand aber die Taube keinen Ruheplatz für den Ballen ihres Fußes; sie kehrte wieder zu ihm in die Arche zurück, denn Wasser war noch auf der Fläche der ganzen Erde. Er streckte seine Hand aus und nahm sie, und brachte sie zu sich in die Arche.

¹⁰·Er ließ noch sieben andere Tage eintreten und entsendete dann die Taube wieder von der Arche.

¹¹·Da kam die Taube zur Abendzeit zu ihm und siehe, sie hatte ein Olivenblatt als Nahrung im Munde. Da wußte Noach, dass die Wasser von der Erde abgenommen hatten.

¹²·Er geduldete sich noch sieben andere Tage und entsendete die Taube; sie kehrte da nicht wieder zu ihm zurück.

¹³·Endlich im 601 Jahre, im ersten Monate, am ersten des Monats, waren die Wasser von der Erde abgetrocknet. Da nahm Noach das Dach der Arche ab, er sah, und siehe: die Oberfläche des Erdbodens war abgetrocknet.

¹⁴·Im zweiten Monat, am 27. Tage des Monats, war endlich die Erde trocken.

¹⁵·Da sprach Gott zu Noach:

¹⁶·Gehe aus der Arche, du, und deine Frau und deine Söhne und die Frauen deiner Söhne mit dir.

¹⁷·Alles Lebendige, das von allem Fleische an Vogel und Vieh und allem auf der Erde kriechenden Gewürm bei dir ist, lasse mit dir hinausgehen, dass sie sich frei bewegen auf der Erde und sich fortpflanzen und vermehren auf Erden.

¹⁸·Da ging Noach hinaus, und seine Söhne, seine Frau und die Frauen seiner Söhne mit ihm.

[19.]Alles Lebendige, alles Kriechende und alles Fliegende, alles, was auftritt auf der Erde, nach ihren Familien gingen sie aus der Arche.

[20.]Da baute Noach *Gott* einen Altar und nahm von allem reinen Viehe und von allem reinen Vogel und brachte Emporopfer auf den Altar.

[21.]Da nahm *Gott* den Ausdruck der Willfahrung wahr, und es sprach da *Gott* zu seinem Herzen: Ich will nicht der Menschenerde um des Menschen willen, wenn das Herzensgebilde des Menschen von seiner Jugend an schlecht ist, wieder Unsegen geben, und will nicht wieder alles Lebendige schlagen wie ich getan;

[22.]immer sollen alle Erdentage sein; Saat und Ernte, Kälte und Hitze, Sommer und Winter, Tag und Nacht sollen nie feiern.

KAPITEL 9

Da segnete Gott Noach und seine Söhne, und sprach zu ihnen: Pflanzet euch fort und vermehret euch und füllet die Erde.

2. Und eure Furcht und euer Schrecken sei über alles Tier der Erde und über alles Geflügel des Himmels; von allem was den Boden betritt, und von allen Fischen des Meeres sei in eure Hand gegeben.

3. Alles Auftretende, welches lebt, sei euch zur Nahrung; wie das Kräutergrün habe ich euch alles gegeben.

4. Jedoch Fleisch, dessen Blut noch in seiner Seele ist, sollt ihr nicht essen.

5. Jedoch, euer Blut, das euren Seelen angehört, fordere Ich; von der Hand jeden Tieres werde ich es fordern. Von der Hand des Menschen aber, von der Hand eines Wesens, das sein Bruder ist, fordere ich die Seele des Menschen.

6. Wer das Blut eines Menschen vergießt, dessen Blut soll

durch den Menschen vergossen werden; denn in einer Gottesgestalt hat Er den Menschen gebildet.

7. Und ihr nun pflanzet euch fort und vermehret euch; vermannigfaltigt euch auf der Erde und vermehrt euch auf ihr!

8. Da sprach Gott zu Noach und zu seinen Söhnen mit ihm:

9. Und Ich, siehe ich errichte meinen Bund mit euch und mit euren Nachkommen nach euch,

10. und mit jeder lebendigen Seele, die bei euch ist, im Vogel, im Viehe, und in jedem Tier der Erde bei euch, von allen, die aus der Arche gegangen, bis zu allem Lebendigen der Erde:

11. ich werde meinen Bund mit euch aufrecht halten, dass nicht mehr alles Fleisch durch die Wasser der Entseelung vernichtet werde und nicht mehr Entseelung komme, die Erde zu verderben.

12. Da sprach Gott: Dies ist das Zeichen des Bundes, den ich zwischen mir und euch und jeder lebenden Seele, die bei euch ist, für die Geschlechter aller Zeiten hingebe:

13. Meinen Bogen! Ich habe ihn in die Wolke gegeben; und er sei nun zum Bundeszeichen zwischen mir und der Erde;

14. so dass, wenn ich mit Gewölk die Erde überwölke, und der Bogen in der Wolke geschaut wird:

15. ich meines Bundes gedenke, der zwischen mir und euch und jeder lebendigen Seele in allem Fleische besteht, und es wird nicht mehr das Wasser zu einer Entseelung werden, alles Fleisch zu verderben.

16. Es sei der Bogen in der Wolke, und ich sehe ihn, des ewigen Bundes zu gedenken zwischen Gott und jeder lebendigen Seele in allem Fleische, welches auf der Erde ist.

17. Da sprach Gott zu Noach: Dies ist das Zeichen des Bundes, den ich errichtet habe zwischen mir und allem Fleische, welches auf der Erde ist.

¹⁸·Es waren die Söhne Noach's, welche aus der Arche gingen, Schem, Cham und Japhet; und Cham ist der Vater Kenaan's.

¹⁹·Diese drei waren Söhne Noach und von diesen ging die ganze Erde auseinander.

²⁰·Da fing Noach an der Mann der Erde zu sein und pflanzte einen Weinberg,

²¹·und er trank von dem Weine und wurde berauscht, und entblößte sich im Innern seines Zeltes.

²²·Da sah Cham, der Vater Kenaan's, die Blöße seines Vaters — und erzählte es seinen beiden Brüdern draußen!

²³·Da nahm Schem und Japhet das Gewand, legten es auf ihrer Beider Schulter, gingen rückwärts und bedeckten die Blöße ihres Vaters; ihr Gesicht blieb rückgewandt und die Blöße ihres Vaters sahen sie nicht.

²⁴·Als Noach von seinem Weine erwachte, erfuhr er was ihm sein jüngster Sohn getan.

²⁵·Da sprach er: Fluchgetroffen wird Kenaan, Knecht von Knechten wird er seinen Brüdern sein.

²⁶·Und wiederum sprach er: Gesegnet wird *Gott*, der Gott Schem's; möge Kenaan ihnen Knecht werden!

²⁷·Gemüter öffnet Gott dem Japhet, wohnt jedoch in Hütten Schem's; und es wird Kenaan ihnen Knecht.

²⁸·Noach lebte nach der Entseelung dreihundertfünfzig Jahre.

²⁹·Als alle Tage Noach's neunhundertfünfzig Jahre waren, starb er.

KAPITEL 10

Und dies sind die Nachkommen der Söhne Noachs, Schems, Chams und Japhets. Es wurden ihnen Kinder nach der Entseelung geboren.

2. Söhne Japhets: Gomer und Magog, Madai, Jawan und Tubal, Meschech und Tiras.

3. Gomer's Söhne: Aschkenas, Rifat und Togarma.

4. Jawan's Söhne: Elischa und Tarschisch, Kitter und Dodaner.

5. Von diesen gingen die Völkergruppen in ihren Ländern auseinander, jedes zu seiner Mundart, zu ihren Familien in ihren Völkerschaften.

6. Und Söhne Chams: Kusch und Mizrajim, Put und Kenaan.

7. Kuschs Söhne: Seba und Chawila, Sabta, Raama und Sabtecha; und Raamas Söhne: Scheba und Dedan.

8. Kusch zeugte den Nimrod; der fing an ein Held zu sein auf Erden.

9. Er war ein verschlagener Held vor Gott: darum sagt man: ein Nimrod gleich verschlagener Held vor *Gott*.

¹⁰·Der Anfang seines Königtums war Babel, Erech, Akad und Kalne im Lande Schinear.

¹¹·Von diesem Lande ging Aschur aus und baute Ninewe und Rechoboth-Ir und Kelach;

¹²·und Reßen zwischen Ninewe und Kelach; dies ist die große Stadt. Anamer, die Lehaber und die Naftucher,

¹³·Mizrajim erzeugte die Ludim, die Anamer, die Lehaber und die Naftucher.

¹⁴·die Pathrußer und die Kaßlucher, woher die Pelischter stammen und die Kaftorer.

¹⁵·Kenaan zeugte seinen Erstgebornen Zidon und den Chet.

¹⁶·den Jebußer, den Emoriter und den Girgascher;

¹⁷·den Chiwer, den Arker und den Siner;

¹⁸·den Arwader, den Zemarer und den Chamater; nachher wurden die Familien des Kenaaniters noch mehr geteilt.

¹⁹·Die Grenze des Kenaaniters ging von Zidon nach Gerar hin bis Asa; nach Sedom, Amora, Adma und Zebojim hin bis Lescha.

²⁰·Das sind die Söhne Chams nach ihren Familien, nach ihren Mundarten, in ihren Ländern, in ihren Völkerschaften.

²¹·Auch Schem wurden Nachkommen geboren, dem Vater aller Söhne Ebers, dem Bruder des älteren Japhet.

²²·Schems Söhne: Elam und Aschur, Arpachschad, Lud und Aram.

²³·Arams Söhne: Uz, Chul, Gether und Masch.

²⁴·Arpachschad zeugte Schelach, Schelach zeugte Eber.

²⁵·Eber wurden zwei Söhne geboren, des einen Name war Peleg, denn in seinen Tagen wurde die Erde geteilt; und seines Bruders Name: Joktan.

²⁶·Joktan zeugte den Almodad und Schelef, den Chazarmaweth und Jerach,

27. den Hadoram, Usal und Dilla;

28. den Obal, Abimael und Scheba;

29. den Ofir, Chawila und Jobab; alle diese Söhne Joktans.

30. Ihr Wohnsitz war von Mescha, nach Sefara hin zum Gebirge des Ostens.

31. Dies sind die Söhne Schems nach ihren Familien, nach ihren Mundarten, in ihren Ländern, nach ihren Völkerschaften.

32. Dies sind die Familien der Söhne Noachs nach ihren Nachkommenschaften in ihren Völkerschaften; und von diesen gingen die Völker auf der Erde nach der Entseelung auseinander.

KAPITEL 11

Es war die ganze Erde eine Sprache und einheitliche Worte.
²·Da war es, als sie von Osten fortzogen, fanden sie eine Ebene im Lande Schinear, und dort ließen sie sich nieder.
³·Da sprachen sie einer zu dem andern: Gib her, wir wollen Ziegel schaffen, und was immer zum Brande verbrennen; da ward ihnen der Ziegel zum Steine und der Mörtel ward ihnen zum Ton.
⁴·Da sprachen sie: Gib her, wir wollen uns eine Stadt bauen und einen Thurm, und dessen Spitze soll in den Himmel reichen, so wollen wir uns einen Namen machen! Wir könnten sonst über die Fläche der ganzen Erde zerstreut werden.
⁵·Da stieg *Gott* hernieder, die Stadt und den Turm zu sehen, welche die Menschensöhne bauten.
⁶·Und *Gott* sprach: siehe, da sind sie nun *ein* Volk und *eine* Sprache haben sie alle, und da ist es *dies*, was sie zuerst zu unter-

nehmen beginnen, und nun wird ihnen nicht unerreichbar bleiben alles, was sie bereits maßlos auszuführen sich vorgesetzt.

⁷·Wohlan, steigen wir hinab, wird dort ihre Sprache welk werden, so dass einer nicht mehr die Sprache des andern verstehe.

⁸·Da zerstreute sie *Gott* von dort über die Fläche der ganzen Erde hin, und sie unterließen es, die Stadt zu bauen.

⁹·Darum nannte er sie Babel, denn dort hat *Gott* die Sprache der ganzen Erde gemischt, und von dort aus zerstreute sie *Gott* über die Fläche der ganzen Erde.

¹⁰·Dies sind die Nachkommen Schems: Schem war hundert Jahre alt, als er Arpachschad zeugte, zwei Jahre nach der Entseelung.

¹¹·Schem lebte, nachdem er Arpachschad gezeugt hatte, 500 Jahre und zeugte Söhne und Töchter.

¹²·Arpachschad lebte 35 Jahre, da zeugte er Schelach.

¹³·Arpachschad lebte, nachdem er Schelach gezeugt hatte, 403 Jahre und zeugte Söhne und Töchter.

¹⁴·Schelach lebte dreißig Jahre, da zeugte er Eber.

¹⁵·Nachdem er Eber gezeugt hatte, lebte Schelach 403 Jahre und zeugte Söhne und Töchter.

¹⁶·Eber lebte 34 Jahre, da zeugte er Peleg.

¹⁷·Nachdem er Peleg gezeugt hatte, lebte Eber 430 Jahre und zeugte Söhne und Töchter.

¹⁸·Peleg lebte 30 Jahre und zeugte Reü.

¹⁹·Nachdem er Reü gezeugt hatte, lebte Peleg 209 Jahre und zeugte Söhne und Töchter.

²⁰·Reü lebte 32 Jahre und zeugte Serug.

²¹·Nachdem er Serug gezeugt hatte, lebte Reü 207 Jahre und zeugte Söhne und Töchter.

²²·Serug lebte 30 Jahre, da zeugte er Nachor.

²³·Nachdem er Nachor gezeugt hatte, lebte Serug 200 Jahre und zeugte Söhne und Töchter.

²⁴·Nachor lebte 29. Jahre und zeugte Therach.

²⁵·Nachdem er Therach gezeugt hatte, lebte Nachor 119 Jahre und zeugte Söhne und Töchter.

²⁶·Therach lebte 70 Jahre, da zeugte er Abram, Nachor und Haran.

²⁷·Dies sind die Nachkommen Therachs: Therach zeugte Abram, Nachor und Haran, und Haran zeugte Lot.

²⁸·Haran starb vor dem Angesichte seines Vaters Therach in seinem Geburtslande in Ur-Kasdim.

²⁹·Abram und Nachor nahmen sich Frauen, Abrams Frau hieß Sarai, Nachors Frau Milka, die Tochter Harans, des Vaters Milkas und der Jiska.

³⁰·Sarai war aber unfruchtbar, sie hatte keine Geburt.

³¹·Da nahm Therach seinen Sohn Abram und Lot Harans Sohn, seinen Enkel, und seine Schwiegertochter Sarai, die Frau seines Sohnes Abram, und sie gingen mit ihnen aus Ur-Kasdim um nach dem Lande Kenaan zu gehen; als sie aber bis Charan kamen, blieben sie dort.

³²·Da nun Therachs Tage 205. Jahre waren, starb Therach in Charan.

LECH LECHAH

KAPITEL 12

Zu Abram aber sprach *Gott*: Gehe für dich allein von deinem Lande, deinem Geburtsorte und dem Hause deines Vaters, zu dem Lande hin, das ich dir zeigen werde.

2. Ich werde dich zu einem großen Volke machen, Ich werde dich segnen, und Ich möchte deinen Namen groß werden lassen; werde du ein Segen!

3. Ich möchte segnen, die dich segnen, und wer dir Fluch bringt, dem werde ich fluchen; und es werden durch dich alle Familien des Erdbodens gesegnet werden.

4. Da ging Abram wie es *Gott* ihm ausgesprochen hatte, und mit ihm ging Lot. Abram aber war 75 Jahre alt als er aus Charan ging.

5. Abram nahm seine Frau Sarai und seines Bruders Sohn Lot, alle ihre Habe, die sie erworben, und die Seelen, die sie in Charan gebildet hatten; sie zogen fort, um dem Lande Kenaan zuzugehen, und sie tamen nach dem Lande Kenaan.

⁶·Abram zog vorüber im Lande bis zum Orte Schechem, bis zum Haine Moreh, — und der Kenaanite war schon damals im Lande. —

⁷·Da ward *Gott* dem Abram sichtbar und sprach: Deinem Samen gebe ich dieses Land. Da baute er dort *Gott* einen Altar, der ihm sichtbar geworden.

⁸·Er ließ von dort aufbrechen zum Gebirge hin, Bethel zu Osten, und spannte dort sein Zelt; er hatte Bethel in Westen und Ai in Osten; er baute dort Gott einen Altar und rief im Namen Gottes.

⁹·Abram brach auf und zog immer mehr gen Süden.

¹⁰·Es kam Hungersnot ins Land, und Abram ging nach Mizrajim hinab, sich dort aufzuhalten, denn die Hungersnot war schwer im Lande.

¹¹·Da war es, als er nahe daran war, nach Mizrajim zu kommen, sprach er zu seiner Frau Sarai: Siehe, ich weiß es ja doch, dass du ein schönes Weib bist,

¹²·da wird es nun sein, wenn dich die Mizrer sehen, werden sie sagen: es ist seine Frau; und werden mich töten, und dich werden sie am Leben erhalten.

¹³·Sage doch, du seiest meine Schwester, damit mir, um dich zu erreichen, Gutes werde, und so werde ich auch durch dich leben bleiben.

¹⁴·Es war, wie Abram nach Mizrajim kam, sahen die Mizrer die Frau dass sie sehr schön war.

¹⁵·Es sahen sie auch die Fürsten Pharaos und rühmten sie gegen Pharao. Da wurde die Frau in Pharaos Haus genommen.

¹⁶·Und Abram hatte er schon Wohlwollen um ihretwillen erwiesen, es waren ihm Schaf und Rind und Esel, Sklaven und Mägde, Eselinnen und Kamele geworden,

¹⁷·da traf *Gott* Pharao mit großen Plagen und sein Haus wegen Sarais, Abrams Frau.

¹⁸·Da ließ Pharao Abram rufen und sagte: Was hast du mir getan! Warum hast du mir nicht gesagt, dass sie deine Frau sei?

¹⁹·Warum hast du noch gesagt: sie ist meine Schwester, selbst als ich sie mir zur Frau nahm? Und nun! Hier ist deine Frau, nimm sie und gehe!

²⁰·Pharao bestellte Leute über ihn, die ihn, seine Frau und alles Seinige entließen.

KAPITEL 13

Da zog Abram, er, seine Frau und alle Seinigen und auch Lot mit ihm von Mizrajim hinauf in den Süden. ²·Und Abram war sehr begütert an Herden, an Silber und Gold.

³·Er ging seinen früheren Zügen nach von Süden bis nach Bethel, bis zu dem Orte, wo sein Zelt anfangs gewesen, zwischen Bethel und Ai,

⁴·zu der Stelle des Altares hin, den er dort zuerst errichtet hatte, und dort rief Abram im Namen *Gottes*.

⁵·Und auch Lot, der mit Abram ging, hatte — Schafe und Rinder und Zelte.

⁶·Und so trug sie das Land nicht zusammen zu bleiben; denn ihr Vermögen war zu groß und sie konnten nicht zusammen wohnen.

⁷·Daher entstand Streit zwischen den Hirten der Herde Abrams und den Hirten der Herde Lots, und es war damals schon der Kenaaniter und Periser Bewohner des Landes.

⁸·Da sprach Abram zu Lot: Lass doch nicht ferner Zwiespalt sein zwischen mir und dir und (dadurch auch) zwischen meinen und deinen Hirten; denn wir sind ja verwandte Männer.

⁹·Vor dir ist ja das ganze Land offen, trenne du dich daher von mir, wenn links, so bleibe ich rechts, und wenn rechts, so bleibe ich links.

¹⁰·Da hub Lot seine Augen auf und sah die ganze Talebene des Jardens dass sie ganz bewässerungsreich war, ehe *Gott* Sedom und Amora verderbte, wie der Garten *Gottes*, wie das Land Mizrajim, bis man nach Zoar kam,

¹¹·und es wählte sich Lot die ganze Talebene des Jardens, und es zog Lot von Osten ab; so trennten sie sich einer von dem andern.

¹²·Abram war im Lande Kenaan geblieben, während Lot sich in die Talebene niedergelassen und seine Zelte bis an Sedom hatte —

¹³·und die Leute in Sedom waren doch böse und leichtsinnige, *Gott* gegenüber über alles Maß —

¹⁴·und *Gott* hatte, nachdem Lot von ihm geschieden war, zu Abram gesprochen: Hebe doch deine Augen auf und siehe von dem Orte, wo du bist, nordwärts und südwärts, gen Osten und Westen;

¹⁵·denn das ganze Land, das du siehst, ich gebe es dir, und deinem Samen auf immer;

¹⁶·ich mache deinen Samen wie Staub der Erde, dass, wenn jemand den Staub der Erde zählen kann, auch dein Same gezählt werden solle;

¹⁷·stehe darum auf, gehe hinein in das Land, der Länge nach und der Breite, denn dir gebe ich es —:

¹⁸·da setzte Abram seine Zelte und ging ein und ließ sich in

den Hainen Mamres, die in Chebron waren, nieder und baute dort *Gott* einen Altar.

KAPITEL 14

Es war in den Tagen Amraphels, Königs von Schinear, Arjochs, König von Elaßar, Kedarlaomers, Königs von Elam und Thidals, Königs von Gojim, dem Könige von Sedom, Birscha, dem Könige von Amora, Schinab dem Könige von Adma, Schemewer dem Könige von Zebojim und dem Könige von Bela, das ist Zoar.
2. Sie hatten schon früher Krieg geführt mit Bera
3. Alle diese hatten sich nach dem Ackertale, dem jetzigen Salzmeer, hin vereinigt.
4. Zwölf Jahre hatten sie nämlich dem Kedarlaomer gedient und sich das dreizehnte Jahr hindurch empört.
5. Im vierzehnten Jahre war nun Kedarlaomer und die mit ihm verbündeten Könige gekommen, sie schlugen die Rephaer in Asteroth Karnajim, die Suser in Ham, die Emer in Schawe Kirjatajim,
6. den Chorer in ihrem Gebirgslande Seir bis zur Paranebene, welche an der Wüste ist,

⁷·wendeten sich dann zurück, kamen nach En-Mischpat, das ist Kadesch, und schlugen das ganze Feld des Amalekiters und auch den Emoriter, welcher in Chazazontamar wohnt.

⁸·Da zog der König von Sedom, der König von Amora, der König von Adma, der König von Zebosim und der König von Bela, d.i. Zoar hinaus und fingen mit ihnen Krieg an im Tale der Äcker,

⁹·mit Kedarlaomer dem König von Elam, Thidal König von Gojim, Amraphel König von Schinear, Arjoch König von Elaßar, vier Könige mit fünfen.

¹⁰·Das Tal der Äcker war voller Lehmbrunnen, da flohen der König von Sedom und von Amora und fielen hinein; die Entkommenen aber flohen dem Gebirge zu.

¹¹·Sie nahmen alles Bewegliche von Sedom und Amora und all deren Speisevorrat und gingen.

¹²·Sie nahmen auch den Lot und seine bewegliche Habe, den Brudersohn Abrams und gingen — und er war Einwohner in Sedom!

¹³·Da kam nun der Flüchtling und brachte die Kunde Abram, dem Ebräer, — und er wohnte in den Hainen Mamres des Emoriten, Bruders des Eschkol und des Aner, und sie waren die Bundesherren Abrams!

¹⁴·Als Abram hörte, dass sein Verwandter gefangen fortgeführt worden, da führte er alle die von ihm erzogenen Geborenen seines Hauses, dreihundert und achtzehn, hinaus, und verfolgte bis Dan.

¹⁵·Er teilte sich über sie Nachts, er und seine Knechte, schlug sie, und verfolgte sie bis Choba, welches Damaskus zur Linken liegt.

¹⁶·Er brachte alles Weggeführte zurück. Er hatte sowohl

seinen Bruder Lot und dessen Habe, als auch die Frauen und das Volk zurückgebracht,

17. da ging der König von Sedom ihm, nachdem er von dem Siege über Kedarlaomer und die Könige, welche mit ihm waren, zurückgekehrt war, in das Tal Schawe, das ist das Königstal, entgegen.

18. Malki Zedek hingegen, König von Schalem, hatte Brot und Wein hinausgebracht; er war aber auch Priester dem höchsten Gotte.

19. Er segnete ihn und sprach: Ge segnet Abram dem höchsten Gotte, dem Eigner von Himmel und Erde,

20. und gesegnet der höchste Gott, der deine Feinde in deine Hand gegeben! Er gab ihm den Zehnten von allem.

21. Da sprach der König von Sedom zu Abram: Gib mir die Seelen, die Habe nimm dir.

22. Abram aber sprach zum König von Sedom: Ich habe meine Hand hinangehoben zu Gott dem höchsten Gott, dem Eigner des Himmels und der Erde,

23. nicht von Faden bis Schuhriemen, nicht von allem Deinigen werde ich etwas nehmen; du sollst nicht sagen: Ich habe den Abram reich gemacht.

24. Fern von mir! Nur was die Leute verzehrt haben, und der Anteil der Männer, die mich begleitet haben — Aner, Eschkol und Mamre, sie mögen ihren Anteil nehmen.

KAPITEL 15

Nach dem bisher Erzählten ward das Wort *Gottes* an Abram in der Fernsicht: Fürchte dich nicht, Abram, Ich bleibe dir Schild, dein Lohn ist ungemessen.

2. Da sprach Abram: *Gott* mein Herr, was willst du mir geben, ich gehe doch kinderlos hin, und der nach meinem Hause sehnsüchtige Erbe ist Eliesers Damaskus!

3. Abram dachte: siehe mir hast du ja keinen Samen gegeben, und siehe: meines Hauses Sohn ist mein Erbe.

4. Siehe, da ward das Wort *Gottes* an ihn: *Der* wird dich *nicht* beerben, sondern *der* aus deinen Eingeweiden stammen wird, *der* wird dich beerben.

5. Er führte ihn hinaus und sprach: Schau' doch gen Himmel, und zähle die Sterne, wenn du sie zählen kannst! Er sagte ihm: So wird dein Same!

6. Er aber hatte seine ganze Zuversicht auf *Gott* gesetzt und dies achtete Er ihm als Pflichtgerechtigkeit.

7. Darauf sprach Er zu ihm: Ich bin *Gott*, der ich dich aus Ur-

Kasdim geführt habe, dir dieses Land zu geben, es in Besitz zu nehmen.

8. Da sprach er: Gott, mein Herr, wodurch werde ich wissen, dass ich es in Besitz nehmen soll?

9. Da sprach Er zu ihm: Nehme mir dreimal ein weibliches Kalb, und dreimal eine Ziege und dreimal einen Widder; und eine Turteltaube und eine junge Taube.

10. Er nahm Ihm alle diese, da zerstückte Er sie in der Mitte und gab die zerstückte Hälfte eines jeden seiner entsprechenden Hälfte gegenüber; aber den Vogel zerstückte Er nicht.

11. Da fuhr der Raubvogel über die Leichen nieder; Abram verscheuchte sie.

12. Es nahte die Sonne dem Untergang und eine Betäubung war auf Abram gefallen; und siehe, da fällt Angst, fällt eine große Finsternis über ihn.

13. Da sprach Er zu Abram: Wissen, wissen sollst du, dass Fremdling dein Same sein wird in ihnen nicht gehörendem Lande, sie werden ihnen dienen und sie werden sie peinigen, vierhundert Jahre.

14. Aber auch das Volk, dem sie dienten, richte Ich, und nachher werden sie hinausziehen mit großer Habe.

15. Du aber wirst zu deinen Vätern in Frieden kommen, wirst in gutem hohen Alter begraben werden.

16. Das *vierte* Geschlecht wird hierher zurückkehren; denn die Sünde des Emoriten ist noch nicht voll bis jetzt.

17. Als nun die Sonne untergegangen und Finsternis geworden war: siehe, da war es ein rauchender Ofen und eine Feuerfackel, was zwischen diese Stücke durchgefahren war.

18. An jenem Tage hat *Gott* mit Abram einen Bund errichtet, des Inhalts: deinem Samen habe ich dieses Land gegeben, von

dem Strome Mizrajims bis zum großen Strome, dem Strome Perath,

[19.] den Keniten, den Keniser und den Kadmoniten,

[20.] den Chiter, den Periser und die Rephaim,

[21.] den Emoriten, den Kenaaniten, den Girgascher und den Jebußer.

KAPITEL 16

Und Sarai, Abrams Frau, hatte ihm nicht geboren; sie hatte aber eine mizrische Magd, die Hagar hieß. ²·Da sprach Sarai zu Abram: Siehe, es hat doch *Gott* mich dem Gebären verschlossen, komme doch zu meiner Magd, vielleicht werde ich durch sie gebaut; und Abram gab Sarais Stimme Gehör.
³·Da nahm Sarai, Abrams Frau, die mizrische Hagar, ihre Magd, nachdem zehn Jahre zu Ende gegangen waren, seitdem Abram im Lande Kenaan wohnte, und sie gab sie Abraham, ihrem Manne, ihm zum Weibe.
⁴·Er kam zu Hagar und sie empfing. Als sie einsah, dass sie empfangen hatte, da wurde ihre Gebieterin in ihren Augen gering geschätzt.
⁵·Da sprach Sarai zu Abram: Das Unrecht, das ich leide, ruht auf dir! Ich habe ja meine Magd dir in den Schoß gegeben, und nun, da sie sah, dass sie empfangen hatte, ward ich in ihren Augen gering geachtet. Richte Gott zwischen mir und dir!

⁶·Da sprach Abram zu Sarai: Siehe, deine Magd ist in deiner Hand, tue ihr, was in deinen Augen gut ist. Da demütigte sie Sarai, da entfloh sie vor ihr.

⁷·Da fand sie ein Engel *Gottes* am Wasserquell in der Wüste, an dem Quell auf dem Wege nach Schur,

⁸·und sprach: Hagar, Magd Sarais! Woher kommst du und wohin gehest du? — Sie sprach: Vor meiner Gebieterin Sarai bin ich auf der Flucht.

⁹·Da sprach *Gottes* Engel zu ihr: Kehre zu deiner Gebieterin zurück — und demütige dich unter ihre Hände!

¹⁰·Da sprach *Gottes* Engel zu ihr: Viel, viel werde ich deinen Samen werden lassen, dass er vor Menge nicht gezählt werden könne.

¹¹·Da sprach *Gottes* Engel zu ihr: Siehe, du hast empfangen und gebierst einen Sohn; du sollst ihn Jischmael nennen, denn *Gott* hat auf dein Leid hingehört.

¹²·Er wird ein Freier unter den Menschen sein, seine Hand wider alle und aller Hand wider ihn, und im Angesicht aller seiner Brüder wird er seinen Platz einnehmen.

¹³·Da nannte sie *Gott*, der zu ihr sprach: Du bist ein Gott des Schauens! Denn sie sagte: Habe ich denn auch bis hierher mich nach einem umgesehen, der mich sehen würde?!

¹⁴·Darum nannte er den Brunnen: Brunnen dem Lebendigen mich Schauenden; er ist der zwischen Kadesch und Bared.

¹⁵·So gebar Hagar dem Abram einen Sohn. Abram nannte seinen Sohn, den Hagar geboren hatte, Jischmael.

¹⁶·Abram war sechsundachtzig Jahre alt, als Hagar den Jischmael Abram gebar.

KAPITEL 17

Abram ward neunundneunzig Jahre alt, da ward *Gott* Abram sichtbar und sagte zu ihm: ich bin אל שדי, führe dich vor meinem Angesicht und werde vollendet!
2· Ich möchte meinen Bund zwischen mich und dich geben und dich im äußersten Maße vermehren.
3· Da warf sich Abram auf sein Angesicht, und es sprach mit ihm Gott zur Mitteilung:
4· ich, was mich betrifft, siehe mein Bund ist nun mit dir und du wirst zum Vater der wogenden Menge der Völker,
5· und nicht mehr soll man dich Abram nennen, sondern Abraham soll dein Name sein; denn zum Vater der wogenden Menge der Völker habe ich dich bestimmt.
6· Ich werde dich aber auch selbst im äußersten Maße fruchtbar machen, werde dich selbst zu Völkern werden lassen und Könige sollen von dir stammen;
7· und ich werde meinen Bund zwischen mir und dir und zwischen deinen Nachkommen nach dir für ihre Geschlechter

zum ewigen Bunde aufrecht halten, dir und deinen Nachkommen nach dir Gott zu sein,

⁸·und werde dir und deinen Nachkommen nach dir das Land deines Aufenthaltes, das ganze Land Kenaan zum ewigen Eigentum geben und werde ihnen Gott sein.

⁹·Da sprach aber Gott zu Abraham: Aber auch du mußt meinen Bund hüten, du und dein Same nach dir für ihre Geschlechter.

¹⁰·Dies ist mein Bund, den ihr hüten sollt zwischen mir und euch und deinem Samen nach dir: beschnitten soll euch jeder Männliche werden;

¹¹·so dass ihr beschnitten werdet an dem Fleische eurer Vorhaut und dies zum Bundeszeichen werde zwischen mir und euch.

¹²·Und zwar acht Tage alt soll euch jedes Männliche beschnitten werden für eure Geschlechter, des Hauses Geborener und von jedem Fremden für Geld Erkaufter, der nicht von deinen Nachkommen ist.

¹³·Beschnitten, beschnitten werde deines Hauses Geborener und deines Geldes Erkaufter, und es werde mein Bund an eurem Fleische zum ewigen Bunde.

¹⁴·Ein unbeschnittener Männlicher, der nicht an dem Fleische seiner Vorhaut beschnitten wird, die Seele wird aus ihrem Volke vernichtet; meinen Bund hat er aufgehoben.

¹⁵·Es sprach Gott ferner zu Abraham: Deine Frau Sarai sollst du nicht Sarai nennen, denn Sarah ist ihr Name.

¹⁶·Und ich werde sie segnen und habe dir auch schon von ihr einen Sohn bestimmt. Ich werde sie segnen, sie wird zu Völkern werden, Könige der Völker werden von ihr werden.

¹⁷·Da fiel Abraham auf sein Angesicht und lachte, und sagte

sich in seinem Herzen: sollte einem Hundertjährigen noch geboren werden, oder Sara, eine Neunzigjährige, gebären?

18. Da sprach Abraham zu Gott: Möchte doch Jischmael vor deinem Angesichte leben!

19. Da sprach Gott: Nicht so, deine Frau Sara gebiert dir einen Sohn, und den sollst du Jizchak nennen. Mit ihm werde ich mein Bündnis aufrechthalten zu einem ewigen Bündnis für seinen Samen nach ihm.

20. Was aber Jischmael betrifft, habe ich dich erhört. Siehe, ich habe ihn bereits gesegnet und werde ihn fruchtbar machen und ihn im Übermaß vermehren; zwölf Fürsten wird er zeugen, und ich werde ihn zu einem großen Volke bestimmen.

21. Meinen Bund jedoch werde ich mit Jizchak aufrechthalten, den dir Sara zu dieser Zeit im nächsten Jahre gebären wird.

22. Als er mit ihm zu reden geendet hatte, enthob sich Gott von Abraham.

23. Da nahm Abraham seinen Sohn. Jischmael und alle seines Hauses Geborenen und alle seines Geldes Erworbenen, alle Männlichen unter den Gliedern des Hauses Abrahams und beschnitt ihr Vorhautfleisch an eben diesem Tage, wie es Gott mit ihm besprochen hatte.

24. Abraham war neunundneunzig Jahre alt, als er an seinem Vorhautfleische beschnitten ward.

25. Und sein Sohn Jischmael war dreizehn Jahre alt, als er an seinem Vorhautfleische beschnitten ward.

26. An demselben Tag wurde Abraham und sein Sohn Jischmael beschnitten.

27. Und alle Glieder seines Hauses, des Hauses Geborener und des Geldes von Fremden Erworbener, wurden mit ihm beschnitten.

WAJERA

KAPITEL 18

Da ward *Gott* ihm sichtbar unter den Bäumen Mamres; während er vor der Türe seines Zeltes saß, als der Tag glühte.

2. Er hub aber seine Augen auf und sah, und siehe da, drei Männer, auf ihn gerichtet stille stehend; und als er es sah, lief er ihnen vom Eingang des Zeltes entgegen und bückte sich zur Erde —

3. und sprach: — Mein Gott, wenn ich doch Gunst in deinen Augen gefunden habe, so entziehe dich doch nicht deinem Diener. —

4. Gestattet doch, dass ein weniges Wasser gebracht werde, und waschet eure Füße und ruhet unter dem Baume aus.

5. Ich möchte ein Stückchen Brot bringen, damit erquicket euer Herz, dann möget ihr weiter ziehen; denn (ich bitte nur) darum, weil ihr bei eurem Diener vorüber gekommen. Sie antworteten: Tue also, wie du gesprochen.

⁶·Da eilte Abraham ins Zelt zu Sara und sprach: Eile, aus drei Maß Mehl das feine, knete es und mache Kuchen!

⁷·Zum Rinde aber lief Abraham selbst, nahm ein junges Rind, zart und gut, und gab es dem Knaben, und eilte es zuzurichten.

⁸·Sodann nahm er Butter und Milch und das junge Rind, das er bereitet hatte, und setzte es ihnen vor. Er aber stand bei ihnen unter dem Baume und sie aßen.

⁹·Da sprachen sie zu ihm: Wo ist Sara, deine Frau? Er erwiderte: Natürlich im Zelte.

¹⁰·Darauf sagte er: Gerade wie diese lebendige Zeit kehre ich zu dir wieder, und siehe, dann hat Sara, deine Frau, einen Sohn. Sara aber hörte alles am Eingange des Zeltes, dieser aber war hinter ihm.

¹¹·Abraham und Sara waren alt, hochbetagt, Sara hatte längst nicht mehr die Weise der Frauen.

¹²·Da lachte Sara in ihrem Innern: nachdem ich bereits abgelebt, wäre mir die höchste Befriedigung geworden! Und mein Herr ist doch auch ein Greis!

¹³·Da sprach *Gott* zu Abraham: Warum hat Sara denn gelacht in dem Sinne: sollte ich denn auch in Wahrheit gebären, da ich so alt geworden?!

¹⁴·Ist denn *Gott* etwas zu wunderbar? Zur bestimmten Zeit kehre ich zu dir wie diese lebendige Zeit zurück, und dann hat Sara einen Sohn.

¹⁵·Sara leugnete und sprach: Ich habe nicht gelacht, denn sie scheute sich. Er aber sprach: Nicht so, du hast in der Tat gelacht.

¹⁶·Da erhuben sich die Männer von dort und senkten ihren Blick auf die Gegend von Sedom; Abraham aber ging noch mit ihnen, sie zu geleiten.

¹⁷·*Gott* aber hatte gesprochen: Sollte ich Abraham unenthüllt lassen, was ich tue?

¹⁸·Abraham soll ja auch zu einem großen und mächtigen Volke und durch dieses alle Völker der Erde gesegnet werden!

¹⁹·Denn ich habe ja nur deshalb mein besonderes Augenmerk auf ihn gerichtet, damit er seine Kinder und sein Haus nach sich verpflichte, dass sie den Weg *Gottes* hüten, Pflichtmilde und Recht zu üben, damit *Gott* über Abraham bringe, was er über ihn ausgesprochen.

²⁰·Da sprach *Gott*: Wenn gleich das Geschrei über Sedom und Amora bereits groß ist, und ihre Versündigung bereits sehr schwer lastet,

²¹·so will ich doch noch hinabsteigen und sehen, ob wie der zu mir gekommene Schrei dieses Geschreis sie bereits Vernichtung erwirkt; wenn nicht, will ich einzeln erkennen.

²²·Die Männer wendeten sich von dort und gingen gen Sedom; Abraham aber stand noch vor *Gott*.

²³·Da trat Abraham hin und sprach: Solltest du denn auch mit in den Untergang hineinreißen? Den Gerechten mit dem Schuldigen?

²⁴·Vielleicht sind fünfzig Gerechte in Mitten der Stadt, solltest du da die mit strafen wollen und nicht der Gegend verzeihen zum Besten der fünfzig Gerechten, die sich in ihr befinden?

²⁵·Zu töten den Gerechten mit dem Schuldigen, dass der Gerechte wie der Schuldige sei, ein solches zu tun, das — weiß ich — wäre Entweihung dir. Entweihung wäre es dir; wie sollte der Richter der ganzen Erde nicht Recht ausüben!

²⁶·Da sprach *Gott*: Finde ich in Sedom fünfzig Gerechte in Mitten der Stadt, so verzeihe ich der ganzen Gegend um ihretwillen.

²⁷·Abraham aber begann wieder und sprach: Siehe, ich habe nun einmal angefangen zu meinem Herrn zu reden, und ich bin doch Staub und Asche.

²⁸·Vielleicht fehlen an den fünfzig Gerechten fünf, würdest du um der fünf willen die ganze Stadt verderben? Da sprach er: Ich werde nicht verderben, wenn ich dort fünfundvierzig finde.

²⁹·Er fuhr fort zu ihm zu sprechen und sagte: Vielleicht finden sich dort vierzig? Da sprach er: Ich werde nichts tun um der vierzig willen.

³⁰·Da sprach er: Möge es doch meinem Herrn nicht entgegen sein, dass ich noch sprechen möchte: vielleicht finden sich dort dreißig? Darauf sprach er: Ich tue nichts, wenn ich dort dreißig finde.

³¹·Da sprach er: Siehe, ich habe nun doch angefangen zu meinem Herrn zu reden, vielleicht finden sich dort zwanzig? Darauf sprach er: Ich werde nicht verderben um der zwanzig willen.

³²·Da sprach er: Möge es doch meinem Herrn nicht entgegen sein, ich möchte nur noch diesmal sprechen, vielleicht finden sich dort zehn? Darauf sprach er: Ich verderbe nicht um der zehn willen.

³³·Da entfernte sich *Gott*, als er vollendet hatte mit Abraham zu sprechen. Abraham aber kehrte zu seinem Orte zurück.

KAPITEL 19

Die beiden Engel kamen gen Sedom am Abend und Lot saß im Tore Sedoms. Als Lot sie sah, stand er ihnen entgegen auf, und bückte sich mit dem Angesicht zur Erde,

²·und sprach: Sehet doch, meine Herren, kehret doch zum Hause eures Dieners und übernachtet und waschet eure Füße; ihr stehet dann früh auf und gehet eures Weges. Sie aber sprachen: Nein, wir wollen auf der Straße übernachten.

³·Als er aber sehr in sie drang, kehrten sie zu ihm und kamen zu seinem Hause; er bereitete ihnen ein Mahl, backte Kuchen und sie aßen.

⁴·Kaum wollten sie sich niederlegen, so hatten die Männer der Stadt, die Männer Sedoms sich um das Haus zusammengetan von jung bis alt, das ganze Volk, von jedem Ende,

⁵·und riefen Lot zu und sagten ihm: Wo sind die Männer, die diese Nacht zu dir gekommen, gib sie uns heraus, wir wollen sie kennen lernen.

⁶·Da ging Lot zu ihnen hinaus zum Eingang, die Türe aber hatte er hinter sich geschlossen,

⁷·und sprach: Handelt doch nicht, meine Brüder, so schlecht!

⁸·Seht doch, ich habe zwei Töchter, die noch keinen Mann erkannt, die möchte ich euch lieber hinausgeben, dass ihr mit ihnen, wie es euch gut dünkt, verfahret; nur diesen Männern tuet nichts, denn sie sind doch in den Schatten meines Daches gekommen.

⁹·Da sprachen sie: Rückt weiter hinan! und sprachen ferner: Der eine ist zum Aufenthalt gekommen, und hat sich da schon zum Richter aufgeworfen. Nun! Dir wollen wir noch Übleres tun als ihnen! Da drängten sie mit aller Gewalt in den Mann, in Lot, und rückten hinan, die Türe zu erbrechen.

¹⁰·Da streckten die Männer ihre Hand hinaus und brachten Lot zu sich ins Haus, die Türe aber hatten sie geschlossen,

¹¹·Und die Leute, welche am Eingang des Hauses sich befanden, hatten sie von klein bis groß mit Blindheit geschlagen; sie mühten sich vergebens ab, den Eingang zu finden.

¹²·Da sprachen die Männer zu Lot: Wen hast du sonst noch hier, Schwiegersohn, und deine Söhne und Töchter, und alle, die in der Stadt dir angehören, führe sie aus der Gegend hinaus.

¹³·Denn wir vernichten diese Gegend; denn das Geschrei über sie ist groß geworden vor *Gottes* Angesicht, darum hat uns *Gott* gesendet sie zu vernichten.

¹⁴·Da ging Lot hinaus und redete zu seinen Schwiegersöhnen, die seine Töchter geheiratet hatten, und sprach: Machet euch auf und gehet aus dieser Gegend hinaus, denn *Gott* vernichtet die Stadt! Da war er wie ein Spaßmacher in den Augen seiner Schwiegersöhne.

¹⁵·Und als der Morgen heraufgezogen war, da drängten die Engel in Lot: Auf jetzt, nimm deine Frau und deine beiden Töch-

ter, die bei dir sind, du könntest sonst mit hinein gerissen werden in die Sünde der Stadt.

16. Und da er noch zögerte, ergriffen die Männer ihn, seine Frau und seine beiden Töchter an der Hand, da *Gott* sich über ihn erbarmte, führten ihn hinaus und ließen ihn außerhalb der Stadt.

17. Und nun, da sie sie hinaus gebracht hatten, sprach er: Jetzt rette dich selbst! Schau nicht zurück! Stehe nicht still in der ganzen Ebene! Zum Gebirg hinan rette dich, damit du nicht mit umkommst.

18. Da sprach Lot zu ihnen: Nicht doch, o Herr!

19. Siehe, es hat doch dein Diener Gnade in deinen Augen gefunden, und du hast schon deine Liebe, die du mit mir geübt, groß sein lassen, mich am Leben zu erhalten. Ich kann aber nicht mich zum Gebirge hin flüchten, sonst würde mich das Unglück erreichen und ich sterben.

20. Siehe, da ist diese Stadt so nahe, dass ich wohl dahin fliehen kann, und sie ist etwas sehr geringes; möge ich mich doch dorthin retten können, sie ist etwas sehr geringes, und es wird mein Leben erhalten.

21. Da sprach er zu ihm: Siehe, ich habe dir auch in dieser Beziehung Berücksichtigung gewährt, dass ich die Stadt, von der du gesprochen, nicht verderbe.

22. Eile, rette dich dorthin; denn ich kann nichts unternehmen, bis du dorthin gekommen bist. Darum nannte. er die Stadt Zoar.

23. Die Sonne war über die Erde aufgegangen, da kam Lot nach Zoar,

24. und *Gott* hatte über Sedom und Amora Schwefel und Feuer regnen lassen, von *Gott*, vom *Himmel*,

25. und diese Städte und die ganze Ebene, auch alle Bewohner der Städte und das Gewächs des Bodens umwandelt.

²⁶·Seine Frau schaute sich hinter ihm um, und ward da eine Salzsäule.

²⁷·Abraham machte sich früh am Morgen auf nach dem Orte hin, wo er vor *Gottes* Angesicht gestanden,

²⁸·und schaute hinab auf die Richtung von Sedom und Amora und auf die Richtung des ganzen Landes der Ebene, da sah er, und siehe, schon stieg der Dampf des Landes auf wie der Dampf eines Kalkofens.

²⁹·So war es denn, indem Gott die Städte der Ebene vernichtete, gedachte Gott Abrahams und schickte Lot mitten aus der Umkehrung fort, als er die Städte umkehrte, in welchen Lot sich niedergelassen hatte.

³⁰·Lot ging aber von Zoar hinauf und wohnte auf dem Gebirge, seine beiden Töchter mit ihm; denn er fürchtete sich in Zoar zu bleiben; so wohnte er denn in einer Höhle, er und seine beiden Töchter.

³¹·Da sprach die Ältere zur Jüngeren: Unser Vater ist alt, und kein Mann ist mehr auf Erden zu uns zu kommen nach der Weise der ganzen Erde.

³²·Gehe, laß uns unserem Vater Wein zu trinken geben und uns zu ihm legen, damit wir von unserem Vater Nachkommen beleben.

³³·Da gaben sie ihrem Vater in dieser Nacht Wein zu trinken und es kam die Ältere und legte sich zu ihrem Vater, er aber wußte es nicht als sie sich niederlegte und als sie aufstand.

³⁴·Am anderen Tage sprach die Ältere zur Jüngern: Siehe, ich habe gestern Nacht bei meinem Vater gelegen, wir wollen ihm auch diese Nacht Wein zu trinken geben, komme auch du und lege dich zu ihm, damit wir von unserem Vater Nachkommen beleben.

³⁵·Da gaben sie ihrem Vater auch in dieser Nacht Wein zu

trinken, die Jüngste erhob sich und legte sich zu ihm, er aber wußte es nicht als sie sich niederlegte und als sie aufstand.

36. So empfingen die beiden Töchter Lots von ihrem Vater,

37. und die Ältere gebar einen Sohn und nannte ihn Moab; dieser ist der Stammvater Moabs bis heute.

38. Auch die Jüngere gebar einen Sohn und nannte ihn Ben-Ammi; dieser ist der Stammvater der Söhne Ammons bis heute.

KAPITEL 20

Abraham zog von dort fort ins Südland und ließ sich nieder zwischen Kadesch und Schur; zeitweilig hielt er sich in Gerar auf.

2. Da sagte Abraham in Beziehung auf seine Frau Sara: Sie ist meine Schwester; darauf schickte Abimelech, der König von Gerar, und nahm die Sara.

3. Da kam Gott zum Abimelech im Traume der Nacht und sagte ihm: Du stirbst wegen der Frau, die du genommen, und sie ist noch dazu die Geehelichte eines Mannes.

4. Abimelech aber war ihr nicht genaht, und sprach: Mein Gott, wirst du denn auch ein gerechtes Volk umbringen?

5. Hat denn nicht er selbst mir gesagt: Sie ist meine Schwester, und hat nicht sie, auch sie mir gesagt: Er ist mein Bruder? In Unschuld meines Sinnes und in Reinheit meiner Hände habe ich dies getan.

6. Da sprach Gott zu ihm im Traume: Auch ich weiß es, dass du in Unschuld deines Herzens dies getan, darum habe auch ich

dich zurückgehalten mir zu sündigen, darum habe ich dir nicht gestattet, sie auch nur von ferne zu berühren.

7. Und nun, gib des Mannes Weib zurück, denn er ist ein Prophet, so dass er für dich bete und du leben bleibest. Gibst du aber nicht zurück, so wisse, dass du sterben müssest, du und alle Deinigen.

8. Da stand Abimelech früh am Morgen auf und rief alle seine Diener zu sich und sprach vor ihren Ohren alle diese Reden aus, darauf fürchteten die Männer sehr.

9. Abimelech aber ließ Abraham — rufen und sagte ihm: Was hast du uns getan, und was habe ich dir gesündigt, dass du über mich und mein Reich eine so große Sünde gebracht hast? Dinge, die nicht geschehen sollten, hast du gegen mich geübt!

10. Abimelech sagte zu Abraham Was hast du denn gesehen, dass du Solches getan?

11. Da sprach Abraham: Weil ich sagte: es ist nur keine Gottesfurcht in dieser Gegend, und man wird mich um meines Weibes willen töten.

12. Aber auch in Wahrheit, sie ist meine Schwester, Tochter meines Vaters, jedoch nicht die Tochter meiner Mutter, und eben darum ward sie meine Frau.

13. Als nun Gott mich aus meines Vaters Haus in die Wanderung wies, sagte ich ihr: das ist deine Güte, die du mir erweisen mögest, überall hin, wohin wir kommen, sage doch von mir: er ist mein Bruder.

14. Da nahm Abimelech Schafe und Rinder, Knechte und Mägde und schenkte sie Abraham und gab ihm seine Frau Sara zurück,

15. und es sprach Abimelech: Siehe, mein Land ist vor dir, wo es dir gefällt, lasse dich nieder.

16. Zu Sara aber hatte er gesprochen: Siehe, ich habe tausend

Silberstücke deinem Bruder gegeben, siehe, das dient dir zum Augenschutz für alle deine Umgebung, und bei jedem kannst du fortan nur geradezu unverholen auftreten.

17. Abraham betete zu Gott, da heilte Gott Abimelech, seine Frau und seine Mägde, und sie gebaren.

18. Denn es hatte *Gott* jeden dem Hause Abimelechs angehörigen Schoß verschlossen um Saras, der Frau Abrahams willen.

KAPITEL 21

Und *Gott* hatte Sara bedacht, wie er es gesagt, und *Gott* vollbrachte Sara nun, wie er gesprochen.
2. Sara empfing und gebar Abraham einen Sohn für sein Alter, zur bestimmten Zeit, welche Gott ausgesprochen hatte.
3. Abraham nannte seinen Sohn, der ihm geboren worden war, den ihm Sara geboren hatte: Jizchak.
4. Und Abraham beschnitt seinen Sohn Jizchak im Alter von acht Tagen, wie ihm Gott geboten.
5. Abraham war aber ein Mann von hundert Jahren, als ihm sein Sohn Jizchak geboren wurde.
6. Da sagte Sara: Gelächter hat Gott mir bereitet, wer es höret, lachet mein.
7. Sie fügte jedoch hinzu: Wer hat aber Abraham *davon* ein Wort gesagt: es hat Sara *Söhne* gesäugt! denn ich habe ihm einen Sohn für sein Alter geboren.
8. Das Kind wuchs heran und wurde entwöhnt, da machte

Abraham ein großes Gastmahl am Tage, an welchem man Jizchak entwöhnte.

⁹·Sara sah aber den Sohn der Ägypterin Hagar, welchen sie dem Abraham geboren, Gespött treiben.

¹⁰·Da sagte sie zu Abraham: Entlasse diese Magd und ihren Sohn; denn es soll nicht der Sohn dieser Magd mit meinem Sohne, mit Jizchak erben.

¹¹·Die Sache mißfiel sehr in den Augen Abrahams um seines Sohnes willen.

¹²·Da sprach Gott zu Abraham: Lasse es in deinen Augen nicht böse sein um den Knaben und um deine Magd, alles, was dir Sara sagt, gehorche ihrer Stimme, denn in Jizchak wird dir Samen genannt werden.

¹³·Und auch den Sohn der Magd werde ich zu einem Volke machen, denn er ist dein Same.

¹⁴·Da erhub sich Abraham früh am Morgen, nahm Brot und einen Wasserschlauch, gab's der Hagar, legte es auf ihre Schulter, — und auch das Kind, und schickte sie fort. Sie ging und verirrte sich in der Wüste Beer Schewa.

¹⁵·Das Wasser ging zu Ende aus dem Schlauch, da warf sie das Kind unter eines der Gewächse,

¹⁶·und ging und setzte sich fern gegenüber, sich entfernend wie Bogenschützen, denn sie hatte gesagt: Ich will nicht das Sterben des Kindes mit ansehen; darum setzte sie sich fern gegenüber und erhub ihre Stimme und weinte.

¹⁷·Gott aber hörte die Stimme des Knaben, und ein Engel Gottes rief Hagar vom Himmel zu und sagte zu ihr: Was ist dir Hagar? Fürchte dich nicht! denn Gott hat schon die Stimme des Knaben erhört, da wo er ist.

¹⁸·Erhebe dich, nimm den Knaben auf und kräftige deine

Hand an ihm, denn zu einem großen Volke werde ich ihn machen.

$^{19\cdot}$Da öffnete Gott ihre Augen und sie sah einen Wasserbrunnen. Sie ging und füllte den Schlauch mit Wasser und tränkte den Knaben.

$^{20\cdot}$Gott war mit dem Knaben und er wurde groß. Er blieb in der Wüste und wurde ein Meister von Bogenschützen.

$^{21\cdot}$Er ließ sich in der Wüste Paran nieder, und seine Mutter nahm ihm eine Frau aus dem Lande Mizrajim.

$^{22\cdot}$Es war in dieser Zeit, da sprach Abimelech und sein Feldherr Pichol zu Abraham also: Gott ist mit dir in allem, was du tust;

$^{23\cdot}$und nun schwöre mir bei Gott hierher, dass du mir, meinem Nachkommen und meinem Enkel nicht falsch werden wollest; wie die Güte, die ich an dir geübt, wollest du an mir und an dem Lande üben, in welchem du geweilt.

$^{24\cdot}$Abraham sprach: Ich schwöre.

$^{25\cdot}$Es hatte aber Abraham Abimelech in Veranlassung des Wasserbrunnens zur Rede gestellt, welchen die Diener Abimelechs geraubt hatten.

$^{26\cdot}$Da sprach Abimelech: Ich habe nicht gewusst, wer dieses getan, auch du hast mir es nicht gesagt, und ich habe es auch erst heute vernommen.

$^{27\cdot}$Da nahm Abraham Schafe und Rinder und gab sie Abimelech, und sie errichteten beide einen Bund.

$^{28\cdot}$Abraham aber stellte die sieben Mutterschafe allein.

$^{29\cdot}$Da sprach Abimelech zu Abraham: Was sollen diese sieben Mutterschafe, die du allein gestellt hast?

$^{30\cdot}$Da sprach er: Weil die sieben Mutterschafe du von meiner Hand hinnehmen mögest, damit dies mir zur Bezeugung diene, dass ich diesen Brunnen gegraben habe.

[31.]Darum nannte er diesen Ort Beer Schewa; denn dort haben sie beide geschworen.

[32.]Sie errichteten also einen Bund in Beer Schewa, und es stand Abimelech und sein Feldherr Pichol auf, und sie kehrten zum Lande der Philister zurück.

[33.]Da pflanzte er einen Baum in Beer Schewa, und er verkündete dort im Namen *Gottes*, des Gottes der Zukunft.

[34.]Abraham weilte im Lande der Philister viele Tage.

KAPITEL 22

Da war es, nach diesen Ereignissen, hat Gott Abraham geprüft und sprach zu ihm: Abraham! und er sprach: Hier bin ich.
²·Da sprach er: Nimm doch deinen Sohn, deinen einzigen, den du liebst, den Jizchak, und gehe dir zum Lande Morija, und bringe ihn dort zum Opfer auf einem der Berge den ich dir sagen werde.
³·Da erhub sich Abraham früh am Morgen und sattelte seinen Esel und nahm seine beiden Leute mit sich, und Jizchak, seinen Sohn. Darauf spaltete er Opferholz, machte sich auf und ging dem Orte zu, welchen ihm Gott gesagt hatte.
⁴·Am dritten Tage, als Abraham seine Augen aufhub, sah er den Ort von ferne.
⁵·Da sprach Abraham zu seinen Leuten: Bleibet ihr hier bei dem Esel, ich und der Knabe, wir wollen etwa bis dahin gehen; wir bücken uns dort und kehren dann zu euch zurück.
⁶·Da nahm Abraham das Opferseinem Sohne Jizchak holz

und legte es auf, und nahm in seine Hand das Feuer und das Messer — und so gingen sie beide zusammen.

7. Da sprach Jizchak zu Abraham, seinem Vater, und sprach: Mein Vater! Er sprach: Hier bin ich, mein Sohn. Er sprach: Da ist das Feuer und sind die Hölzer — wo ist das Lamm zum Opfer?

8. Da sprach Abraham: Gott wird sich das Lamm zum Opfer ersehen, mein Sohn! und so gingen sie beide zusammen.

9. Sie kamen zu dem Orte, welchen ihm Gott gesagt hatte, dort baute Abraham den Altar, ordnete die Hölzer, band Jizchak seinen Sohn, und legte ihn auf den Altar oberhalb der Hölzer.

10. Da streckte Abraham seine Hand und nahm das Messer — seinen Sohn zu schlachten.

11. Da rief ihm ein Engel *Gottes* vom Himmel zu und sprach: Abraham, Abraham! Er sprach: Hier bin ich.

12. Da sprach er: Strecke deine Hand nicht an den Knaben und tue ihm nicht das Geringste; denn jetzt habe ich erkannt, dass du gottesfürchtig bist und hast mir deinen Sohn, deinen einzigen Sohn nicht verweigert.

13. Da hub Abraham seine Augen auf und sah, da war ein Widder; darauf wurde er durch das Gehege an seinen Hörnern festgehalten. Da ging Abraham und nahm den Widder und brachte ihn zum Opfer an seines Sohnes Stelle.

14. Da nannte Abraham den Namen dieses Ortes: *Gott* schaut! welches heute also auszusprechen ist: Auf *Gottes* Berg wird man geschaut.

15. Da rief ein Engel *Gottes* Abraham zu, zum zweiten Male vom Himmel

16. und sprach: Bei mir habe ich geschworen, spricht *Gott*, dass, weil du dieses vollbracht, und hast mir deinen Sohn, deinen einzigen Sohn nicht vorenthalten,

17. werde ich unbedingt dich segnen und unbedingt deine

Nachkommen vermehren wie die Sterne des Himmels und wie der Sand, welcher am Ufer des Meeres ist, und dein Same wird das Tor seiner Feinde erben,

18. und es werden sich durch deinen Samen alle Völker der Erde segnen, als Folge dessen, dass du meiner Stimme gehorcht hast.

19. Da kehrte Abraham zu seinen Leuten zurück; sie erhuben sich, und sie gingen zusammen nach Beer Scheba, und es blieb Abraham in Beer Scheba.

20. Es war nach diesen Geschehnissen, wurde dem Abraham berichtet: Siehe, auch Milka hat deinem Bruder Nachor Kinder geboren,

21. seinen erstgeborenen Uz und dessen Bruder Bus, und Kemuel, den Vater Arams;

22. auch Keßed, Chaso, Pildasch und Jidlaf und den Bethuel.

23. Und Bethuel hat Ribka gezeugt. Diese Acht hat Milka Nachor, dem Bruder Abrahams, geboren.

24. Auch sein Kebsweib Reuma hatte Tebach, Gacham, Tachasch und Maacha geboren.

CHAJE SARAH

KAPITEL 23

Es war das Leben Saras hundert Jahre und zwanzig Jahre und sieben Jahre: Jahre des Lebens Saras.
^{2.}Da starb Sara in Kirjath Arba, das ist Chebron im Lande Kenaan, und Abraham zog sich zurück, um um Sara zu klagen und sie zu beweinen.
^{3.}Dann erhob sich Abraham aus der Gegenwart seines Toten und sprach zu den Söhnen Chets also:
^{4.}Fremd und Einwohner bin ich bei euch, gewähret mir ein Grabeigentum bei euch, damit ich meinen Toten aus meinem Anblick begraben könne.
^{5.}Da entgegneten die Söhne Chets Abraham, ihm sagen zu lassen:
^{6.}Höre uns, mein Herr, ein von Gott Geadelter bist du in unserer Mitte, in dem erlesensten unserer Gräber begrabe deinen Toten, keiner von uns wird dir sein eigenes Grab entziehen wollen, deinen Toten zu begraben.

⁷·Da stand Abraham auf und bückte sich vor der Landgemeine der Söhne Chets,

⁸·und redete mit ihnen also: Wenn es wirklich mit eurem Willen ist, meinen Toten aus meinem Anblick zu begraben, so höret mich und gehet für mich Efron, Sohn Zochars, an,

⁹·dass er mir die Höhle von Machpela, die er hat, gebe, welche am Ende seines Feldes liegt; für volles Geld möge er sie mir unter euch zum Grabeigentum geben.

¹⁰·Efron aber saß in der Mitte der Söhne Chets; da antwortete Efron der Chitthi dem Abraham vor den Ohren der Söhne Chets, aller, die ins Thor seiner Stadt gekommen waren, also:

¹¹·Nicht, mein Herr, höre mich! das Feld habe ich dir gegeben, und die Höhle, die in demselben ist, sie habe ich dir bereits gegeben; vor den Augen der Söhne meines Volkes habe ich sie dir bereits gegeben, begrabe deinen Toten.

¹²·Abraham beugte sich vor der Landgemeine,

¹³·sprach aber zu Efron vor den Ohren der Landgemeine also: Gleichwohl, möchtest du doch — höre mich: ich habe bereits das Geld des Feldes entäußert, nimm es von mir, dann möchte ich dorthin meinen Toten begraben.

¹⁴·Da erwiderte Efron Abraham sagen zu lassen:

¹⁵·Höre mich, mein Herr, ein Land von vierhundert Schekel Silbers, was bedeutet das zwischen mir und dir; deinen Toten begrabe.

¹⁶·Da hörte Abraham auf Efron und es wog Abraham dem Efron das Silber zu, welches er vor den Ohren der Söhne Chets ausgesprochen hatte: vierhundert Schekel Silbers, gangbar beim Kaufmann.

¹⁷·So erstand Efrons Feld, welches in der vor Mamre liegenden Machpela war, das Feld und die darin befindliche

Höhle, alle Bäume im Felde in dem ganzen umgrenzenden Gebiete,

[18.]dem Abraham zum Eigentume vor den Augen der Söhne Chets, unter allen, die in das Tor seiner Stadt gekommen waren.

[19.]Darauf erst begrub Abraham seine Frau Sara in die Höhle des Feldes der Machpela vor Mamre, das ist Chebron, im Lande Kenaan.

[20.]Also erstand das Feld und die Höhle darin Abraham zum Grabeigentum von den Söhnen Chets.

KAPITEL 24

Abraham war alt geworden, war hineingekommen in die Tage und *Gott* hatte Abraham in allem gesegnet.
²·Da sprach Abraham zu seinem Knechte, dem ältesten seines Hauses, der über alles Seine waltete: Lege doch deine Hand unter meine Hüfte.
³·Ich will dich bei *Gott*, dem Gotte des Himmels und Gotte der Erde schwören lassen, dass du für meinen Sohn keine Frau von den Töchtern des Kenaaniters nehmest, in dessen Mitte ich wohne;
⁴·vielmehr sollst du zu meinem Lande und meiner Verwandtschaft gehen und eine Frau für meinen Sohn, für Jizchak, nehmen.
⁵·Der Knecht sprach zu ihm: Vielleicht wird die Frau mir nicht in dieses Land nachfolgen wollen, soll ich dann deinen Sohn wohl in das Land zurückkehren lassen, aus welchem du gezogen?

⁶·Da sprach Abraham zu ihm: Hüte dich, dass du meinen Sohn dorthin nicht zurückbringst!

⁷·*Gott*, der Gott des Himmels, der mich von meines Vaters Hause und von dem Lande meiner Geburt genommen, der über mich ausgesprochen und der mir geschworen hat also: Deinem Samen gebe ich dieses Land, der wird seinen Engel vor dir hersenden, und du wirst ein Weib von dort für meinen Sohn nehmen.

⁸·Wenn aber die Frau nicht einwilligen wird, dir nachzufolgen, so bist du frei von diesem meinem Eide, nur meinen Sohn bringe dorthin nicht zurück!

⁹·Da legte der Knecht seine Hand unter die Hüfte Abrahams, seines Herrn, und schwur ihm über diese Angelegenheit.

¹⁰·Sodann nahm der Knecht zehn Kamele von den Kamelen seines Herrn, er aber ging und hatte alles Beste seines Herrn in seiner Hand; so machte er sich auf und ging nach Aram Naharajim zur Stadt Nachors.

¹¹·Er ließ die Kamele außerhalb der Stadt gegen einen Wasserbrunnen niederknieen, zur Abendzeit, zur Zeit, wo die Schöpferinnen herauszukommen pflegen,

¹²·und sprach: *Gott*, Gott meines Herrn Abraham, füge doch heute vor mir und übe an meinem Herrn Abraham Liebe.

¹³·Siehe, ich stehe hier bei dem Wasserquell, und die Töchter der Stadtleute kommen heraus, Wasser zu schöpfen.

¹⁴·So sei denn das Mädchen, zu welchem ich sagen werde: Neige doch deinen Krug, damit ich trinke, und sie sagt: Trinke und auch deine Kamele will ich tränken, die hast du deinem Diener, dem Jizchak, zugewiesen, und an ihr will ich erkennen, dass du an meinem Herrn Liebe geübt.

¹⁵·Da hatte er nun kaum ausgesprochen, siehe, da kommt Ribka heraus, welche dem Bethuel, dem Sohne der Milka, der

Frau Nachors, des Bruders Abrahams, geboren worden war, und ihren Krug hatte sie auf ihrer Schulter.

[16.] Und das Mädchen war überaus gut vom Anblick, Jungfrau, und noch kein Mann hatte sich ihr vertraulich genähert. Sie ging zum Quell hinab, füllte ihren Krug und kam herauf.

[17.] Da lief der Knecht ihr entgegen und sprach: Lass mich doch etwas Wasser aus deinem Krug schlürfen!

[18.] Sie antwortete: Trinke, mein Herr! Da eilte sie, ließ ihren Krug auf

[19.] Sie hatte ihn nun völlig getränkt, da sprach sie: Auch für deine Kamele will ich schöpfen, bis dass sie völlig getrunken haben.

[20.] Da eilte sie, leerte ihren Krug in die Tränke, lief nochmals zum Brunnen, um zu schöpfen und schöpfte für alle seine Kamele.

[21.] Der Mann staunte sie fortwährend an, schwieg, um zu wissen, ob *Gott* seinen Weg habe gelingen lassen oder nicht.

[22.] Erst als die Kamele völlig mit dem Trinken zu Ende waren, nahm der Mann einen goldenen Nasenring hervor, einen halben Schekel an Gewicht, und zwei Armbänder für ihre Hände, zehn Goldschekel an Gewicht,

[23.] und sprach: Wessen Tochter bist du? Sage mir es doch! Ist wohl das Haus deines Vaters eine Stätte für uns, über Nacht zu weilen?

[24.] Da sagte sie ihm: Bethuels Tochter bin ich, eines Sohnes der Milka, die ihn dem Nachor geboren.

[25.] Sie sagte ihm ferner: Auch Stroh und Futter ist bei uns in Menge, auch ein Ort zu übernachten.

[26.] Da beugte der Mann das Haupt und warf sich *Gott* hin,

[27.] und sprach: Gesegnet *Gott*, Gott meines Herrn Abraham, der seine Liebe und seine Wahrheit nicht von meinem Herrn gelassen! Ich — bin noch auf dem Wege — und *Gott* hat mich schon in das Haus der Geschwister meines Herrn geführt.

28. Da lief das Mädchen und erzählte dem Hause ihrer Mutter diesen Ereignissen gemäß.

29. Ribka hatte aber einen Bruder, dessen Name Laban war, da lief Laban zu dem Manne hinaus zum Quell.

30. Es war aber, da man nun den Nasenring und die Armbänder an den Händen seiner Schwester gesehen und er die Worte seiner Schwester Ribka also gehört hatte: So hat zu mir der Mann gesprochen, und er nun zu dem Manne kam, und siehe, der stand noch bei seinen Kamelen am Quell:

31. da sprach er: Komme doch herein, Gesegneter *Gottes*! Warum stehst du draußen, ich habe ja schon das Haus bereit gestellt und einen Raum für deine Kamele.

32. Da kam der Mann ins Haus und löste die Kamele, er gab Stroh und Fütter den Kamelen und Wasser, seine Füße und die Füße der Leute, die mit ihm waren, zu waschen.

33. Man setzte ihm zu essen vor; er aber sprach: Ich esse nicht, bis dass ich meine Worte gesprochen; da sagte er: Sprich!

34. Er sprach: Ein Knecht Abrahams bin ich,

35. und *Gott* hat meinen Herrn überaus gesegnet, so dass er groß geworden. Er gab ihm Schafe und Rinder, Silber und Gold, Knechte und Mägde, Kamele und Esel.

36. Sara, die Frau meines Herrn, gebar nun meinem Herrn einen Sohn, nachdem sie schon alt geworden, und diesem gab er alles Seine.

37. Da beschwor mein Herr mich also: Nimm für meinen Sohn keine Frau von den Töchtern des Kenaaniters, in dessen Land ich wohne.

38. Dass du vielmehr zu dem Hause meines Vaters und zu meiner Familie gehest und eine Frau für meinen Sohn nehmest!

³⁹·Da sprach ich zu meinem Herrn: Vielleicht wird die Frau mir nicht nachfolgen wollen?

⁴⁰·Da sprach er zu mir: *Gott*, vor dem ich mich geführt, wird seinen Engel mit dir senden und deinen Weg beglücken, so dass du für meinen Sohn eine Frau aus meiner Familie und sogar aus meinem väterlichen Hause nehmest.

⁴¹·Dann bist du von meinem Eide frei, wenn du zu meiner Familie kommen wirst; wenn sie sie dir nicht geben wollen, so sollst du frei sein von meinem Eide.

⁴²·Da kam ich nun heute zum Quell, und da sprach ich: *Gott*, Gott meines Herrn Abraham, wenn du doch meinen Weg beglücken möchtest, auf welchem ich gehe!

⁴³·Siehe, ich stehe hier bei dem Wasserquell, so sei denn das Mädchen, die zum Schöpfen kommt und ich sage zu ihr: Lass mich doch etwas Wasser aus deinem Kruge trinken,

⁴⁴·und sie sagt zu mir: Trinke sowohl du, als auch für deine Kamele will ich schöpfen; das ist die Frau, die *Gott* für den Sohn meines Herrn angewiesen.

⁴⁵·Ich nun, ich hatte kaum also zu meinem Herzen zu sprechen vollendet, siehe, da kommt Ribka mit ihrem Kruge auf der Schulter heraus und ging zum Quell hinab und schöpfte. Da sprach ich zu ihr: Laß mich doch trinken!

⁴⁶·Da eilte sie, nahm ihren Krug herab und sprach: Trinke, und auch deine Kamele will ich tränken, da trank ich und auch die Kamele tränkte sie.

⁴⁷·Da fragte ich sie und sprach: Wessen Tochter bist du? Da sagte sie: Die Tochter Bethuels, Sohn Nachors, welchen ihm Milka geboren; da legte ich den Ring an ihre Nase und die Armbänder an ihre Hände,

⁴⁸·und beugte mein Haupt und warf mich *Gott* hin und segnete *Gott*, den Gott meines Herrn Abraham, der mich in den

wahren Weg geführt, die Tochter des Bruders meines Herrn für seinen Sohn zu nehmen. Herrn Liebe und Wahrheit üben wollet, saget es mir; und wenn nicht, saget es mir, damit ich mich nach rechts oder links wende.

⁴⁹·Und nun, wenn ihr mit meinem Herrn Liebe und Wahrheit üben wollet, saget es mir; und wenn nicht, saget es mir, damit ich mich nach rechts oder links wende.

⁵⁰·Da antwortete Laban und Bethuel und sagten: Von *Gott* ist die Sache ausgegangen, wir können dir nichts Böses oder Gutes sagen.

⁵¹·Hier ist Ribka vor dir, nimm sie und gehe, werde sie Frau dem Sohne deines Herrn, wie *Gott* gesprochen.

⁵²·Da war es, als der Knecht Abrahams ihre Worte gehört hatte, warf er sich *Gott* hin zur Erde.

⁵³·Und silberne und goldene Geräte und Kleider holte der Knecht hervor und gab sie der Ribka und köstliche Früchte gab er ihrem Bruder und ihrer Mutter.

⁵⁴·Darauf aßen und tranken er und die Leute, die er bei sich hatte, und übernachteten. Sie standen am Morgen auf und da sagte er: Entlaßt mich nun zu meinem Herrn!

⁵⁵·Da sagte ihr Bruder und ihre Mutter: Möge doch das Mädchen noch bei uns ein Jahr oder zehn Monate bleiben; dann mag sie gehen.

⁵⁶·Er aber sagte ihnen: Haltet mich nicht hin, nachdem *Gott* meinen Weg beglückt hat; entlasset mich, damit ich zu meinem Herrn gehen möge.

⁵⁷·Da sagten sie: Wir wollen das Mädchen rufen und sie fragen.

⁵⁸·Da riefen sie Ribka und sagten zu ihr: Willst du mit diesem Manne gehen? Sie antwortete: Ich will gehen.

⁵⁹·Da entließen sie ihre Schwester Ribka und ihre Amme,

sowie den Knecht Abrahams und dessen Leute,

⁶⁰·und segneten Ribka und sprachen zu ihr: Unsere Schwester! Werde du zu tausend Zehntausenden, und es erbe dein Same das Thor seiner Hasser.

⁶¹·Da machte sich Ribka und ihre Mädchen auf, sie bestiegen die Kamele und folgten dem Manne. Der Knecht aber nahm Ribka und ging.

⁶²·Und Jizchak war heimgekommen vom Hinkommen zum Brunnen des mich-schauenden-Lebendigen; er wohnte im Lande des Südens.

⁶³·Da ging Jizchak hinaus zu sinnen in dem Felde zur Abendwende, da hub er seine Augen auf und sah, siehe da kommende Kamele!

⁶⁴·Da hub auch Ribka ihre Augen auf und sah Jizchak, da ließ sie sich vom Kamele hinab,

⁶⁵·und sprach zum Knechte: Wer ist dieser Mann dort, der uns durchs Feld entgegen geht? Da sprach der Knecht: Es ist mein Herr! Da nahm sie den Schleier und bedeckte sich.

⁶⁶·Der Knecht erzählte Jizchak alle Dinge, die er ausgeführt,

⁶⁷·da brachte sie Jizchak ins Zelt als seine Mutter Sara. Er heiratete Ribka, sie ward ihm zum Weibe und er liebte sie, und da erst tröstete sich Jizchak um seine Mutter.

KAPITEL 25.1

Abraham nahm wieder eine Frau, sie hieß Ketura. ²·Diese gebar ihm Simran, Jakschan, Medan und Midjan, Jischbak und Schuach. ³·Jakschan erzeugte Scheba und Dedan; die Söhne Dedans aber waren in die Ebene hin Wohnende, einzeln Gerüstete, und Staatengruppen. ⁴·Midjans Söhne: Efa und Efer, Chanoch, Abida und Eldaa; alle diese waren Söhne Keturas. ⁵·Da gab Abraham alles Seine dem Jizchak; ⁶·den Nebenfrauenkindern aber, welche Abraham hatte, gab Abraham Geschenke und schickte sie, noch während er lebte, fort von seinem Sohne Jizchak, ostwärts zum Lande des Ostens. ⁷·Und dieses nun sind die Tage der Jahre des Lebens Abrahams, die er gelebt: hundert Jahre und siebenzig Jahre und fünf Jahre. ⁸·Abraham verschied und starb in einem guten Alter, reif und satt, und wurde zu seinen Genossen gesammelt.

⁹·Jizchak und Jischmael, seine Söhne, begruben ihn in die Machpelahöhle, in das Feld des Chitters Efron, Sohn Zochars, welches vor Mamre liegt,

¹⁰·das Feld, welches Abraham von den Söhnen Chets gekauft hatte, dorthin wurden Abraham und seine Frau Sara begraben.

¹¹·Es war nachdem Abraham gestorben war, segnete Gott seinen Sohn Jizchak; Jizchak aber wohnte in der Nähe des Brunnens zum mich- schauenden- Lebendigen.

¹²·Dieses nun sind die Nachkommen Jischmaels, Sohn Abrahams, welchen die ägyptische Hagar, Saras Magd, dem Abraham geboren,

¹³·es sind dies Namen der Söhne Jischmaels, sie blieben mit ihren Namen bei ihren Nachkommen: Jischmaels Erstgeborner Nebajoth, Kedar, Adbeel und Mibsam.

¹⁴·Mischma, Duma und Massa.

¹⁵·Chadad und Thema, Jetur, Nafisch und Kedma.

¹⁶·Dies sind Söhne Jischmaels und dies ihre Namen in ihren Gehöften und Burgen, zwölf Fürsten ihren Stämmen.

¹⁷·Dies aber sind die Jahre des Lebens Jischmaels: hundert Jahre, dreißig Jahre und sieben Jahre; er verschied und starb und wurde zu seinen Genossen gesammelt.

¹⁸·Sie nahmen ihre Wohnstätten von Chawila bis Schur, welches vor Mizrajim liegt, in der Gegend, wo du nach Aschur kommst; vor dem Gesichte aller seiner Brüder ließ er sich nieder.

TOLDOT

KAPITEL 25.2

Und dieses sind nun die Nachkommen Jizchaks, Sohn Abrahams; Abraham hatte Jizchak erzeugt.

[20.]Jizchak war vierzig Jahre alt, als er Ribka, eine Tochter des Aramiten Bethuel aus Padan- Aram, eine Schwester des Aramiten Laban, sich zur Frau nahm.

[21.]Da flehte Jizchak zu *Gott* in betreff seiner Frau, denn sie war unfruchtbar; da wurde ihm *Gott* erfleht, seine Frau Ribka empfing.

[22.]Da bewegten sich die Kinder heftig gegen einander in ihrem Schoße, und sie sprach, wenn es so geschah: Warum *ich* dies? Sie ging hin, *Gott* zu erfragen.

[23.]Da ließ *Gott* ihr sagen: Zwei Völker in deinem Schoße und zwei Staaten, von deinem Innern an werden sie sich scheiden; ein Staat wird mächtiger werden als der andere, und der mächtige dem geringeren dienen.

[24.]Als nun ihre Tage voll waren zum Gebären, siehe, da waren Zwillinge in ihrem Schoße!

²⁵·Es kam der erste hervor, rotwangig, ganz wie ein haarichter Mantel; sie nannten ihn Esaw.

²⁶·Nachher kam sein Bruder hervor, seine Hände Esaws Ferse haltend, den nannte er Jaakob; Jizchak war sechzig Jahre alt, als sie sie gebar.

²⁷·Als nun die Knaben heranwuchsen, da war Esaw ein Mann, der den Fang versteht, ein Mann des Feldes; und Jaakob ein sich ganz hingebender Mann, der in Zelten wohnt.

²⁸·Da liebte Jizchak den Esaw, denn er war auch Jäger mit dem Munde; Ribka aber liebte den Jaakob.

²⁹·Einst ließ Jaakob ein Gericht sieden, da kam Esaw vom Felde und war matt.

³⁰·Da sprach Esaw zu Jaakob: Laß mich doch von diesem so Roten da schlingen, denn ich bin matt! Darum nannte er sich Edom.

³¹·Da sprach Jaakob: Verkaufe mir doch wie heute deine Erstgeburt.

³²·Esaw erwiderte: Siehe, ich gehe zu sterben, wozu ist mir da die Erstgeburt!

³³·Da sagte Jaakob: Schwöre mir doch wie heute; da schwur er ihm und verkaufte seine Erstgeburt dem Jaakob.

³⁴·Jaakob aber hatte Esaw Brot und ein Gericht Linsen gegeben; er aß, er trank, stand auf und ging; so verachtete Esaw die Erstgeburt.

KAPITEL 26

Es kam Hungersnot ins Land, außer der ersten Hungersnot, die in Abrahams Tagen war. Da ging Jizchak zu Abimelech, dem Könige der Philister, nach Gerar.

2. Da erschien ihm Gott und — sprach: Gehe nicht nach Mizrajim hinab, wohne in dem Lande, das ich dir sagen werde.

3. Halte dich in diesem Lande auf, so werde ich mit dir sein und dich segnen; denn dir und deinem Samen gebe ich alle diese Länder und halte den Schwur aufrecht, den ich deinem Vater Abraham geschworen.

4. Ich werde deinen Samen wie die Sterne des Himmels vermehren und deinem Samen alle diese Länder geben, und es werden sich durch deinen Samen alle Völker der Erde segnen,

5. als Folge davon, dass Abraham auf meine Stimme gehört und was ich ihm zur Hut übergab, gehütet: meine Gebote, meine Gesetze und meine Lehren.

6. Darauf blieb Jizchak in Gerar.

⁷·Die Leute des Ortes fragten nach seiner Frau, er aber sagte: Sie ist meine Schwester; denn er fürchtete zu sagen: meine Frau, es könnten die Leute des Ortes mich umbringen wegen Ribkas, denn sie war gut von Anblick.

⁸·Es war jedoch, als er dort bereits längere Zeit gewesen, schaute Abimelech, der König der Philister, durch das Fenster und sah, wie Jizchak mit Ribka seiner Frau scherzte.

⁹·Da rief Abimelech Jizchak und sagte: Gleichwohl ist sie ja deine Frau, wie hast du denn gesagt, sie ist meine Schwester! Jizchak erwiderte ihm: Weil ich dachte, ich könnte ihretwegen sterben.

¹⁰·Da sagte Abimelech: Was hast du gethan! Wie leicht hätte der eine unter dem Volke deiner Frau beigewohnt und so hättest du über uns eine Verschuldung gebracht.

¹¹·Darum befahl Abimelech dem ganzen Volke also: Wer diesen Mann und seine Frau berührt, wird getötet werden.

¹²·Da säete Jizchak in diesem Lande und erreichte in diesem Jahre hundert Märkte; da segnete ihn *Gott*.

¹³·Da der Mann aber groß ward, immer zunahm an Größe, bis dass er übermäßig groß war,

¹⁴·und ihm ein Reichtum an Schafen, ein Reichtum an Rindern und großer Ackerbau wurde: da wurden die Philister eifersüchtig auf ihn.

¹⁵·Alle die Brunnen, die die Knechte seines Vaters in den Tagen seines Vaters Abrahm gegraben hatten, hatten bereits Philister zugeworfen und mit Erde ausgefüllt.

¹⁶·Da sagte Abimelech zu Jizchak: Gehe von uns fort, denn du bist uns viel zu mächtig geworden.

¹⁷·Jizchak ging von dort fort, lagerte im Thale Gerar und ließ sich dort nieder.

¹⁸·Da grub Jizchak die Wasserbrunnen, welche sie in Abra-

hams Tagen gegraben und die Philister nach Abrahams Tode verstopft hatten, wieder auf, und nannte sie mit den Namen, die ihnen sein Vater gegeben hatte.

19. Es gruben die Knechte Jizchaks im Thale und fanden dort einen Brunnen lebendigen Wassers.

20. Da stritten die Hirten von Gerar mit Jizchaks Hirten und sagten: Unser ist das Wasser! Darum nannte er den Brunnen Eßek (Händel); denn sie hatten Händel mit ihm gesucht.

21. Sie gruben einen anderen Brunnen, auch über den stritten sie, da nannte er ihn Sitna (Hinderung).

22. Er rückte von dort fort und grub einen anderen Brunnen, über den stritten sie nicht, da nannte er ihn Rechoboth (Räumlichkeit) und sprach: Denn jetzt hat *Gott* uns Raum geschafft, nun können wir in dem Lande gedeihen.

23. Er zog aber von dort hinauf nach Beer-Scheba.

24. In dieser Nacht erschien ihm *Gott* und sprach: Ich bin der Gott deines Vaters Abraham, fürchte dich nicht, denn ich bin mit dir und werde dich segnen und deinen Samen vermehren um meines Dieners Abrahams willen.

25. Da baute er dort einen Altar, verkündete im Namen *Gottes* und schlug dort sein Zelt auf, und es stachen dort die Knechte Jizchaks einen Brunnen an.

26. Abimelech aber war zu ihm von Gerar gereist und was er an Genossen hatte und auch sein Feldherr Pichol.

27. Da sprach Jizchak zu ihnen: Warum seid ihr zu mir gekommen? Ihr habt mich ja gehaßt und mich von euch fortgeschickt!

28. Sie antworteten: Wir haben doch wiederholt gesehen, dass *Gott* mit dir war, da sagten wir, möge doch ein Eid zwischen uns sein, zwischen uns und dir; so möchten wir ein Bündnis mit dir schließen:

29. dass du uns nicht Böses thuest, wie wir dich nicht berührt

haben und wie wir dir nur Gutes erzeigt und dich ja in Frieden haben ziehen lassen; du bist ja nun ein Gesegneter *Gottes*!

[30] Er bereitete ihnen ein Gastmahl, sie aßen und tranken,

[31] standen früh am Morgen auf, schwuren einer dem andern, Jizchak entließ sie, und sie gingen von ihm in Frieden.

[32] An demselben Tage kamen Jizchaks Knechte und erzählten ihm wegen des Brunnens, den sie gegraben, und sagten ihm: Wir haben Wasser gefunden!

[33] Er nannte ihn Schibah, darum ist der Name der Stadt Beer Scheba bis auf den heutigen Tag.

[34] Esaw war vierzig Jahre alt, da nahm er die Judith, die Tochter des Chitters Beeri, und die Boßmath, die Tochter des Chitters Elon, zur Frau.

[35] Sie waren ein Geistestrutz dem Jizchak und der Ribka.

KAPITEL 27

Es war nun, als Jizchak alt geworden und seine Augen zu dunkel waren um zu sehen, rief er seinen ältesten Sohn Esaw und sprach zu ihm: Mein Sohn! Er sprach zu ihm: Hier bin ich.

²·Er sprach: Siehe, ich bin ja doch bereits alt geworden, weiß nicht den Tag meines Sterbens.

³·Und nun, nimm doch deine Geräte, dein Gehänge und deinen Bogen und gehe aufs Feld und jage einmal mir ein Wildpret.

⁴·Und bereite mir Wohlschmeckendes, wie ich es liebe, und bringe es mir, damit ich es esse, damit dich meine Seele segne, bevor ich sterbe.

⁵·Ribka aber hörte, als Jizchak zu seinem Sohne Esaw sprach, und Esaw ging aufs Feld, Wild zu jagen, um es heimzubringen.

⁶·Ribka aber hatte zu ihrem Sohne Jaakob also gesprochen: Siehe, ich habe deinen Vater also zu deinem Bruder Esaw reden hören:

⁷·Bringe mir doch Wildpret heim und mache mir Wohlschmeckendes, damit ich esse, so will ich dich segnen vor *Gott*, bevor ich sterbe.

⁸·Und nun, mein Sohn, höre auf meine Stimme, in betreff dessen, was ich dir befehle.

⁹·Gehe doch zu den Schafen und nimm mir von dort zwei gute Ziegenböckchen, damit ich sie wohlschmeckend deinem Vater bereite, wie er es liebt,

¹⁰·dann bringst du sie deinem Vater und er ißt, damit er dich vor seinem Tode segne.

¹¹·Da sagte Jaakob zu Ribka, seiner Mutter: Siehe, Esaw, mein Bruder, ist ein haarichter Mann und ich bin ein glatter Mann,

¹²·vielleicht wird mein Vater mich betasten, so werde ich in seinen Augen wie ein Betrüger sein, und so werde ich auf mich Fluch und keinen Segen bringen.

¹³·Seine Mütter aber sprach zu ihm: Über mich komme dein Fluch, mein Sohn; nur gehorche meiner Stimme und gehe, hole mir.

¹⁴·Da ging er und nahm und brachte es seiner Mutter; seine Mutter bereitete Wohlschmeckendes, wie es sein Vater liebte.

¹⁵·Dann nahm Ribka die kostbaren Kleider Esaws, ihres ältesten Sohnes, die sie bei sich im Hause hatte, und bekleidete damit Jaakob, ihren jüngern Sohn.

¹⁶·Die Felle der Ziegenböckchen hatte sie zuvor auf seine Hände und die Glätte seines Halses gekleidet,

¹⁷·und gab nun das Wohlschmeckende und das Brot, das sie bereitet hatte, in die Hand Jaakobs, ihres Sohnes.

¹⁸·So kam er zu seinem Vater und sagte: Mein Vater! Er erwiderte: Hier bin ich! Wer bist du, mein Sohn?

¹⁹·Da sagte Jaakob zu seinem Vater: Ich, Esaw, dein Erstge-

borner, ich habe gethan, wie du zu mir gesprochen; stehe doch auf und setze dich und iß doch von meinem Wildpret, damit mich deine Seele segne.

[20.] Da sagte Jizchak zu seinem Sohne: Wieso hast du so rasch erlangt, mein Sohn? Er sprach: Weil *Gott* dein Gott es vor mich gefügt.

[21.] Da sprach Jizchak zu Jaakob: Tritt doch näher, damit ich dich betaste, mein Sohn, ob du wirklich mein Sohn Esaw bist oder nicht.

[22.] Da trat Jaakob zu seinem Vater Jizchak hin, und dieser betastete ihn und sprach: Die Stimme ist Jaakobs Stimme, und die Hände sind Esaws Hände.

[23.] Er erkannte ihn nicht, weil seine Hände wie seines Bruders Esaws Hände haaricht waren, und so segnete er ihn.

[24.] Er sprach: Du bists, mein Sohn Esaw? Er sprach: Ich bins.

[25.] Er sprach: Bringe mir es doch näher, damit ich von dem Wildpret meines Sohnes esse, damit dich meine Seele segne. Er brachte es näher; er aß. Er brachte ihm Wein; er trank.

[26.] Da sprach sein Vater Jizchak zu ihm: Tritt doch näher und küsse mich, mein Sohn!

[27.] Da trat er hin und küßte ihn, da roch er den Duft seiner Kleider und segnete ihn, und sprach: Siehe, der Duft meines Sohnes ist wie der Duft eines Feldes, welches *Gott* gesegnet!

[28.] So gebe dir Gott von dem Thau des Himmels und von den Fettigkeiten der Erde und eine Fülle von Korn und Most.

[29.] Völker werden dir dienen und Nationen sich dir beugen — werde aber ein Mann deinen Brüdern, dass deiner Mutter Söhne dir sich beugen! Wer dir flucht, dem wird dann geflucht, wer dich segnet, wird gesegnet!

[30.] Es war, als Jizchak Jaakob zu segnen vollendet hatte, Jaakob war nur eben von seines Vaters Jizchaks Angesicht fortgegangen, war auch sein Bruder Esaw von seiner Jagd gekommen.

31. Da bereitete auch er Wohlschmeckendes und brachte es seinem Vater. Er sprach zu seinem Vater: Stehe mein Vater auf und esse von dem Wildpret seines Sohnes, damit mich deine Seele segne.

32. Da sprach sein Vater Jizchak zu ihm: Wer bist du? Er sprach: Ich bin dein Sohn, dein Erstgeborner, Esaw.

33. Da erfaßte Jizchak ein überaus großer Schrecken und er sprach: Wer ist denn jener, der bereits Wildpret gejagt, mir es gebracht, und ich aß auch von allem, bevor du kamst, und ich segnete ihn? — Er soll auch gesegnet sein!

34. Als Esaw die Worte seines Vaters hörte, schrie er überaus laut und bitter auf, darauf sprach er zu seinem Vater: Segne mich auch, mein Vater!

35. Er sprach: Dein Bruder ist mit List gekommen, und er hat deinen Segen genommen.

36. Da sprach er: Nennt er darum sich Jaakob, dass er mich schon zweimal hintergangen, meine Erstgeburt hat er genommen, und nun hat er auch meinen Segen genommen! Er sprach: Hast du mir denn keinen Segen vorbehalten?

37. Da antwortete Jizchak und sprach zu Esaw: Sieh, zum Herrn habe ich ihn dir gesetzt, und alle seine Brüder habe ich ihm zu Knechten gegeben, habe mit Korn und Most ihn gestützt — und dir nun, was soll ich dir thun, mein Sohn?

38. Da sprach Esaw zu seinem Vater: Ist dies dir denn der einzige Segen? Segne mich auch, mein Vater! Da erhub Esaw seine Stimme und weinte.

39. Da antwortete sein Vater Jizchak und sprach zu ihm: Siehe, der Erde Fettigkeiten wird dein Wohnsitz sein, und von des Himmels Thau von oben;

⁴⁰·Auf deinem Schwerte wirst du leben und deinem Bruder wirst du dienen; erst wenn du dich demütigest, lösest du sein Joch von deinem Halse!

⁴¹·Da haßte Esaw Jaakob wegen des Segens, mit welchem ihn sein Vater gesegnet, und es sprach Esaw in seinem Herzen: Laß nur die Trauertage um meinen Vater heran kommen, so werde ich schon meinen Bruder Jaakob erschlagen.

⁴²·Ribka wurden die Worte ihres ältesten Sohnes Esaw berichtet; da schickte sie hin und ließ ihren jüngeren Sohn Jaakob rufen und sprach zu ihm: Siehe, dein Bruder Esaw tröstet sich, dich zu erschlagen.

⁴³·Und nun, mein Sohn, höre auf meine Stimme und mache dich auf, flüchte dich zu meinem Bruder Laban nach Charan.

⁴⁴·Bei ihm bleibst du einige Zeit, bis sich die Zorneshitze deines Bruders gelegt;

⁴⁵·bis dann der Zorn deines Bruders von dir gewichen und er vergessen hat, was du ihm gethan, dann schicke ich hin und lasse dich von dort holen; warum soll ich denn auch eurer beider an einem Tage beraubt werden?

⁴⁶·Da sprach Ribka zu Jizchak: Ich habe Unlust an meinem Leben vor den Töchtern des Chitters; wenn Jaakob eine Frau von den Töchtern des Chitters wie diese, von den Töchtern des Landes nimmt, wozu mir das Leben?

KAPITEL 28.1

Da rief Jizchak den Jaakob und segnete ihn. Er befahl ihm und sagte ihm: Du sollst keine Frau von den Töchtern Kenaans nehmen.
²·Mache dich auf, gehe nach Padan Aram zum Hause Bethuels, des Vaters deiner Mutter, und nimm dir von dort eine Frau von den Töchtern Labans, des Bruders deiner Mutter.
³·Und Gott, der Allgenügende, wird dich segnen und dich fruchtbar machen und dich vermehren, dass du zu einer Versammlung von Völkern wirst.
⁴·Er wird dir den Segen Abrahams geben, dir und deinem Samen bei dir, dass du das Land deiner Fremdlingsschaft erbest, welches Gott dem Abraham gegeben.
⁵·So schickte Jizchak Jaakob, und er ging nach Padan Aram zu Laban, dem Sohne des Aramiten Bethuel, dem Bruder Ribkas, der Mutter Jaakobs und Esaws.
⁶·Da nun Esaw sah, dass Jizchak Jaakob gesegnet und ihn nach Padan Aram geschickt hatte, sich von dort eine Frau zu

nehmen, — dass er, indem er ihn segnete, ihm gebot: Du sollst keine Frau von den Töchtern Kenaans nehmen,

⁷·und Jaakob seinem Vater und seiner Mutter gehorchte und nach Padan Aram ging:

⁸·da sah Esaw, dass die Töchter Kenaans in den Augen seines Vaters Jizchak misfällig waren,

⁹·und da ging Esaw zu Jischmael und nahm Machalath, die Tochter Jischmaels, des Sohnes Abrahams, die Schwester des Nebajoth, zu seinen Frauen sich zur Frau.

WAJEZE

KAPITEL 28.2

So ging Jaakob fort von Beer Scheba und ging gen Charan.

^{11.}Da traf er den Ort und übernachtete dort, weil die Sonne untergegangen war, nahm von den Steinen des Ortes, stellte seine Kopfumgebung zurechte und schlief an diesem Ort.

^{12.}Er träumte und siehe da, eine Leiter — gestellt zur Erde — und ihre Spitze reicht in den Himmel; und siehe da, Engel Gottes — steigen hinauf und steigen hinab wider ihn;

^{13.}und siehe da, *Gott* — steht bei ihm und spricht: Ich bin *Gott*, der Gott deines Vaters Abraham und der Gott Jizchaks; das Land, auf dem du schläfst, gebe ich dir und deinem Samen.

^{14.}Es wird dein Same wie Staub' der Erde und du breitest dich aus gen Westen und Osten, gen Norden und Familien der Erde gesegnet werden und durch deinen Samen.

^{15.}Und siehe, Ich bin mit dir, und gehst, und werde dich zu diesem Boden zurückbringen; denn ich werde dich nicht verlassen, bis dass ich vollbracht habe, was ich dir verheißen.

¹⁶·Da erwachte Jaakob von seinem Schlafe und sprach: In Wahrheit, *Gott* ist an diesem Orte! Und ich habe es nicht gewußt!

¹⁷·Da fürchtete er und sprach: Wie furchtbar ist dieser Ort! Nichts anders ist dies, als: Gottes Haus! Und dies eine Pforte zum Himmel!

¹⁸·Früh am Morgen stand Jaakob auf und nahm den Stein, den er sich zu Kopf gesetzt hatte, und setzte ihn zum Denkstein, und er goß Öl auf dessen Spitze,

¹⁹·und nannte den Namen dieses Ortes Beth-El; freilich früher war der Name der Stadt Lus.

²⁰·Da that Jaakob ein Gelübde, also: Wenn Gott mit mir sein wird und mich auf diesem Wege, den ich gehe, bewahren, und mir Brot zu essen und Gewand zur Bekleidung geben wird,

²¹·und ich in Frieden zu dem Hause meines Vaters wiederkehren werde: so soll Gott mir *Gott* sein,

²²·und dieser Stein, den ich zum Denkstein gesetzt, soll zu einem Hause Gottes werden, und alles, was du mir geben wirst, werde ich dir wiederholt verzehnten.

KAPITEL 29

Da hob Jaakob seine Füße und ging nach dem Lande der Söhne des Ostens. ²·Da sah er, und siehe da, ein Brunnen auf dem Felde, und siehe da, drei Schafherden lagern daneben; denn aus diesem Brunnen wollten sie die Herden tränken, und der Stein war groß, der auf der Mündung des Brunnens lag,
³·damit dorthin erst alle Herden zusammen kommen sollten, um den Stein von der Mündung des Brunnens zu wälzen und die Schafe zu tränken, alsdann legen sie den Stein wieder an seine Stelle zurück.
⁴·Meine Brüder, woher seid ihr? sagte zu ihnen Jaakob. Aus Charan sind wir, sagten sie.
⁵·Kennt ihr den Laban, den Sohn Nachors? sagte er zu ihnen. Wir kennen ihn, sagten sie.
⁶·Gehts ihm wohl? sagte er zu ihnen. Wohl, sagten sie, und siehe da seine Tochter Rachel, die mit den Schafen kommt.
⁷·Da sagte er: Seht, noch ist der Tag groß, es ist noch nicht

Zeit das Gut einzubringen; tränket die Schafe und gehet und weidet!

⁸·Da sagten sie: Wir können das nicht, bis dass sich alle Herden versammelt haben und sie den Stein von der Mündung des Brunnens rollen, dann tränken wir die Schafe.

⁹·Noch spricht er mit ihnen, da war Rachel mit den Schafen ihres Vaters gekommen, denn sie war eine Hirtin.

¹⁰·Da war es, als Jaakob Rachel, die Tochter Labans, seines Mutterbruders, sah, und die Schafe Labans, seines Mutterbruders, da trat Jaakob hin und ließ den Stein von der Mündung des Brunnens hinabrollen und tränkte die Schafe Labans, seines Mutterbruders.

¹¹·Da küßte Jaakab Rachel, erhob seine Stimme und weinte.

¹²·Darauf erzählte Jaakob der Rachel, dass er der Verwandte ihres Vaters sei, dass er Ribkas Sohn sei; da lief sie hin und erzählte es ihrem Vater.

¹³·Als Laban nun die Nachricht von Jaakob, seinem Schwestersohne, hörte, lief er ihm entgegen, umarmte ihn und küßte ihn und brachte ihn in sein Haus. Er erzählte Laban alle diese Begebenheiten.

¹⁴·Da sagte Laban zu ihm: Dennoch bist du mein Bein und mein Fleisch! Und so blieb er einen Monat bei ihm.

¹⁵·Da sagte Laban zu Jaakob: Wenn du auch mein Verwandter bist, solltest du mir deshalb umsonst dienen? Sage mir, was ist dein Lohn?

¹⁶·Laban hatte zwei Töchter, die älteste hieß Lea, die jüngere Rachel.

¹⁷·Leas Augen waren zart, Rachel aber war schön von Gestalt und schön von Anblick.

¹⁸·Jaakob liebte Rachel und sprach: Ich will dir sieben Jahre um deine jüngere Tochter Rachel dienen.

¹⁹·Laban sagte: Es ist besser, dass ich sie dir, als dass ich sie einem andern Manne gebe; bleibe bei mir.

²⁰·So diente Jaakob um Rachel sieben Jahre, durch seine Liebe zu ihr waren sie aber in seinen Augen wie einige Tage.

²¹·Da sprach Jakob zu Laban: Gieb mir meine Frau, denn meine Tage sind voll; ich möchte zu ihr kommen.

²²·Da versammelte Laban alle Leute des Ortes und bereitete ein Gastmahl;

²³·und als es nun Abend war, nahm er seine Tochter Lea und brachte sie zu ihm, und er kam zu ihr.

²⁴·Es gab ihr Laban seine Magd Silpa, seiner Tochter Lea zur Magd.

²⁵·Als es nun Morgen war, siehe da war es Lea! Da sprach er zu Laban: Was hast du mir gethan! Habe ich nicht um Rachel bei dir gedient? Warum hast du mich betrogen!

²⁶·Da sagte Laban: So geschieht nicht in unserem Orte, dass man die Jüngere vor der Älteren gebe.

²⁷·Vollbringe die Hochzeitswoche der einen, dann geben wir dir auch die andere um einen Dienst, den du bei mir noch fernere sieben Jahre leisten wirst.

²⁸·Jaakob that also und vollbrachte die Hochzeitwoche der einen, darauf gab er ihm seine Tochter Rachel ihm zur Frau.

²⁹·Es gab Laban seiner Tochter Rachel seine Magd Bilha ihr zur Magd.

³⁰·Er kam auch zu Rachel und liebte auch Rachel, mehr als Lea, und diente bei ihm noch sieben andere Jahre.

³¹·Als *Gott* sah, dass die Gehasste Lea war, öffnete er ihren Mutterschoß; Rachel aber war unfruchtbar.

³²·Da empfing Lea und gebar einen Sohn und nannte ihn Reuben; denn sie hatte gesagt: *Gott* hat in mein Leiden geschaut! Jetzt wird mein Mann mich lieben!

³³·Sie empfing wieder und gebar einen Sohn, da sprach sie: Gott hat gehört, dass ich die Gehasste bin, darum gab er mir auch diesen! Da nannte sie ihn Schimeon.

³⁴·Sie empfing wieder und gebar einen Sohn, da sprach sie: Jetzt nunmehr wird mein Mann sich mir anschließen! Denn ich habe ihm drei Söhne geboren. Darum nannte er ihn Lewi.

³⁵·Sie empfing wieder und gebar einen Sohn, da sprach sie: Nunmehr danke ich *Gott*; darum nannte sie ihn Jehuda. Nun hörte sie auf zu gebären.

KAPITEL 30

Als Rachel sah, dass sie Jaakob nicht geboren hatte, beneidete Rachel ihre Schwester und sprach zu Jaakob: Schaffe mir Kinder; wenn nicht, so sterbe ich.

2. Da zürnte Jaakob der Rachel und sprach: Bin ich an Gottes Stelle, der dir die Frucht des Leibes versagt hat?

3. Darauf sprach sie: Siehe, meine Magd Bilha, komme zu ihr; möge sie für meine Knie gebären, so werde auch ich durch sie gebaut.

4. Da gab sie ihre Magd Bilha ihm zur Frau, und Jaakob kam zu ihr.

5. Bilha empfing und gebar Jaakob einen Sohn.

6. Da sprach Rachel: Gott hat mich *gerichtet* und hat auch mein Weinen erhört und mir einen Sohn gegeben; darum nannte sie ihn Dan.

7. Bilha, Rachels Magd, empfing wieder und gebar Jaakob einen zweiten Sohn.

⁸·Da sprach Rachel: Einen göttlichen *Ringkampf* habe ich mit meiner Schwester gerungen und habe es auch vermocht; darum nannte sie ihn Naftali.

⁹·Als Lea sah, dass sie zu gebären aufgehört hatte, nahm sie ihre Magd Silpa und gab sie Jaakob zur Frau,

¹⁰·und Silpa, Leas Magd, gebar Jaakob einen Sohn.

¹¹·Da sprach Lea: Da ist ein Glück gekommen, und nannte ihn Gad.

¹²·Leas Magd, Silpa, gebar Jaakob einen zweiten Sohn.

¹³·Da sprach Lea: Ich bin noch in meinem glücklichen *Fortschreiten*, denn es haben Frauen mein Fortschreiten gepriesen — und nannte ihn Ascher.

¹⁴·Da ging Reuben in den Tagen der Weizenernte, fand Dudaim auf dem Felde und brachte sie seiner Mutter Lea heim. Da sagte Rachel zu Lea: Gieb mir doch von den Dudaim deines Sohnes.

¹⁵·Da sprach sie zu ihr: Ist es ein Geringes, dass du meinen Mann hast? Nun noch gar die Dudaim meines Sohnes haben zu wollen! Nun, sprach Rachel, so soll er denn diese Nacht zu dir kommen für die Dudaim deines Sohnes.

¹⁶·Als Jaakob nun abends vom Felde kam, ging ihm Lea entgegen und sprach: Zu mir mußt du kommen, denn ich habe dich für die Dudaim meines Sohnes erlangt; da schlief er bei ihr in dieser Nacht.

¹⁷·Da erhörte Gott Lea, sie empfing und gebar Jaakob einen fünften Sohn.

¹⁸·Da sprach Lea: Gott hat mir meinen Lohn dafür gegeben, dass ich meine Magd meinem Manne gegeben; sie nannte ihn daher Jisaschar.

¹⁹·Lea empfing wieder und gebar Jaakob einen sechsten Sohn.

²⁰·Da sprach Lea: Gott hat mich mit einem guten *Teil* beschieden, jetzt wird mein Mann bei mir wohnen, denn ich habe ihm sechs Söhne geboren; sie nannte ihn daher Sebulun.

²¹·Nachher gebar sie eine Tochter und nannte sie Dina.

²²·Da gedachte Gott Rachels, Gott erhörte sie und öffnete ihren Schoß.

²³·Sie empfing und gebar einen Sohn. Da sprach sie: Gott hat meine Schmach hinweggenommen.

²⁴·Sie nannte ihn aber Josef, damit zu sagen: *Gott* gebe mir noch einen andern Sohn!

²⁵·Es war als Rachel Josef geboren hatte, sprach Jaakob zu Laban: Entlasse mich, dass ich zu meinem Orte und meinem Lande gehe.

²⁶·Gieb mir meine Frauen und meine Kinder, für die ich dir gedient, so möchte ich gehen; denn du kennst meinen Dienst, wie ich dir gedient.

²⁷·Da sprach Laban zu ihm: Möchte ich doch Gunst in deinen Augen gefunden haben! Mir ahnet, als ob *Gott* mich um deinetwillen gesegnet habe.

²⁸·Dann sprach er: Bestimme deinen Lohn für mich, ich will ihn gerne geben.

²⁹·Da sprach er zu ihm: Du weißt sehr wohl, was ich dir geleistet, und was deine Habe bei mir geworden;

³⁰·denn das Wenige, was du vor mir hattest, das hat sich in Menge ausgebreitet, weil *Gott* dich nach meinem Bemühen gesegnet; und nun, wann soll ich auch für mein Haus schaffen?

³¹·Er sparch: Was soll ich dir geben? Jaakob erwiderte: Geben sollst du mir nichts; wenn du mir dieses leistest, will ich wieder deine Schafe weiden, will sie ferner hüten.

³²·Ich will heute all dein Kleinvieh durchgehen, sondere davon jedes punktierte und gefleckte Lamm aus und jedes dunkle

Lamm unter den Schafen, und geflecktes und punktiertes unter den Ziegen: das soll nun mein Lohn werden.

33. Und es mag wider mich in Zukunft meine Pflichttreue zeugen, wenn du über meinen dir offenliegenden Lohn kommen wirst: was nicht punktiert und gefleckt unter den Ziegen und dunkel unter den Schafen ist, das ist gestohlen bei mir.

34. Laban sagte: Wohl! Möge es, wie du gesprochen, sein.

35. An demselben Tage sonderte er die fußgezeichneten und gefleckten Böcke ab und auch alle punktierten und gefleckten Ziegen, alles, woran nur etwas Weißes war, und alles Dunkele unter den Schafen und gab sie in die Hand seiner Söhne.

36. Einen Weg von drei Tagen legte er zwischen sich und Jaakob, und Jaakob weidete die übrigen Schafe Labans.

37. Da nahm sich Jaakob frische Espenstäbe und von Haselnuss- und von Kastanienbäumen und schälte daran weiße Streifen, durch Entblößung des Weißen, welches an den Stäben war,

38. und stellte die Stäbe, die er geschält hatte, in die in den Wassertränken befindlichen Rinnen, wohin die weiblichen Tiere den männlichen gegenüber zu trinken zu kommen pflegten und beiderseits erregt wurden, wenn sie zu trinken kamen;

39. da wurden die Tiere den Stäben gegenüber erregt und die Tiere warfen Fußgezeichnete, Punktierte und Gefleckte.

40. Die Schafe hatte Jaakob getrennt, Fußgezeichneten und allem Dunklen unter den Tieren Labans zu. Sich aber bildete er besondere Herden und gab sie nicht zu den Tieren Labans.

41. Immer, wenn man die aufgebundenen Tiere erregte, stellte Jaakob die Stäbe vor die Augen der Tiere in die Rinnen, sie durch die Stäbe zu erregen.

42. Wenn man aber die Tiere bedeckt ließ, stellte er sie nicht hin; die Aufgebundenen dem Jaakob.

⁴³·Der Mann wurde nun ungemein reich, es wurden ihm Schafe in Menge, Mägde und Knechte, Kamele und Esel.

KAPITEL 31

Und er hörte die Reden der Söhne Labans: Jaakob hat alles, was unserem Vater gehört, sich angeeignet, und von dem, was unserem Vater gehört, hat er all diese Herrlichkeit geschaffen.

2. Auch Labans Gesicht sah Jaakob, und siehe, der war auch nicht mehr mit ihm wie gestern und vorgestern.

3. Da sprach *Gott* zu Jaakob: Kehre zu dem Lande deiner Väter und zu deinem Geburtsorte zurück, und ich werde mit dir sein.

4. Da schickte Jaakob und rief Rachel und Lea aufs Feld zu seinen Schafen

5. und sprach zu ihnen: Ich sehe eures Vaters Angesicht, er ist mir nicht so mehr wie gestern und vorgestern, und nur der Gott meines Vaters hat mir beigestanden.

6. Ihr doch wisset es, dass ich mit meiner ganzen Kraft eurem Vater gedient.

7. Euer Vater aber hat mich mit Versprechungen getäuscht, hat

meinen Lohn in zehn Bestimmungen gewechselt und nur Gott hat ihn mich nicht schädigen lassen.

8. Sagte er: Punktierte sollen dein Lohn sein, so warfen alle Schafe Punktierte; sagte er: Am Fuß Gezeichnete sollen dein Lohn sein, so warfen alle Schafe am Fuß Gezeichnete;

9. so rettete Gott das Eigentum eures Vaters und gab es mir.

10. Nun war es, als jetzt die Schafe sich erregten, da erhub ich im Traum meine Augen und sah, und siehe: die Böcke, welche die Schafe bestiegen, waren fußgezeichnete, punktierte und gesprenkelte.

11. Da sprach ein Engel Gottes zu mir im Traum: Jaakob! Ich erwiderte: Hier bin ich.

12. Er sprach: Hebe doch deine Augen auf und siehe, alle die Böcke, welche die Schafe bestiegen, sind fußgezeichnete, punktierte und gesprenkelte; denn ich habe alles gesehen, was Laban dir thut.

13. Ich bin aber der Gott von Bethel, wo du einen Denkstein gesalbt und dort mir ein Gelübde gethan hast; jetzt mache dich auf, gehe hinaus aus diesem Lande und kehre zum Lande deiner Geburt zurück.

14. Da antworteten Rachel und Lea und sprachen zu ihm: Haben wir noch Anteil und Erbe im Hause unseres Vaters?

15. Sind wir ihm nicht wie Fremde geachtet, da er uns verkauft, und sogar unseren Kaufpreis selbst verzehrt hat?

16. Denn all' der Reichtum, den Gott von unserem Vater gerettet hat, ist unser und unserer Kinder! Und nun, alles, was dir Gott gesagt hat, thue!

17. Da machte sich Jaakob auf, hub seine Kinder und seine Frauen auf die Kamele,

18. und führte all sein Eigentum, alle Habe, die er erworben,

das für sein Eigentum Erworbene, das er in zu seinem Vater Jizchak, zum Lande Kenaan heim zu kommen.

19. Laban war aber fortgegangen, um seine Schafe zu scheeren; da stahl Rachel — die Götzen ihres Vaters,

20. und Jaakob stahl — das Herz des Aramiten Laban, deshalb weil er es ihm nicht sagte; denn er *entfloh*.

21. So floh er und alles Seine; er machte sich auf, setzte über den Fluß und nahm seine Richtung zum Berge Gilead.

22. Am dritten Tage wurde es Laban berichtet, dass Jaakob entflohen war.

23. Da nahm er seine Genossen mit sich, setzte ihm auf einem sieben Tage langen Wege nach und erreichte ihn am Berge Gilead.

24. Gott aber kam zu dem Aramiten Laban im Traume der Nacht und sprach zu ihm: Hüte dich, dass du mit Jaakob nichts sprechest von Gutem bis zu Bösem!

25. Als daher Laban Jaakob erreichte, — und Jaakob hatte sein Zelt auf dem Berge, Laban aber seine Genossen auf dem Berge Gilead aufgestellt, —

26. da sprach Laban zu Jaakob: Was hast du gethan! Hast mein Herz bestohlen! Hast meine Töchter wie Kriegsgefangene weggeführt!

27. Warum bist du heimlich geflohen und hast mich bestohlen? Hast mir nichts gesagt, hätte dich doch in Freuden und mit Gesängen, mit Pauke und mit Harfe entlassen!

28. Hast mich nicht zugelassen meine Söhne und Töchter zu küssen! Jetzt siehst du's, wie thöricht du gehandelt.

29. Meine Hand ist in der Kraft euch Böses zu thun, aber der Gott eures Vaters hat verwichene Nacht zu mir also gesprochen: Hüte dich, mit Jaakob von Gutem bis zu Bösem zu sprechen!

30. Nun! Du bist nun einmal gegangen, denn du hast in der

That dich nach dem Hause deines Vaters gesehnt; warum aber hast du meine Götter gestohlen?

³¹·Da antwortete Jaakob und sprach zu Laban: Weil ich mich gefürchtet, weil ich mir gesagt, du könntest mir deine Töchter rauben.

³²·Bei wem du aber deine Götter findest, der soll nicht leben bleiben, in Gegenwart unserer Brüder erkenne dir heraus, was bei mir ist, und nimm es dir; Jaakob wußte nicht, dass Rachel sie entwendet hatte.

³³·Da kam Laban in Jaakobs Zelt und in Leas Zelt und in das Zelt der beiden Mägde und fand nichts. Als er aus Leas Zelt ging, kam er in das Zelt Rachels,

³⁴·und Rachel hatte die Götzen genommen, sie in das Kissen des Kameels gelegt und saß nun auf ihnen. Laban betastete das ganze Zelt und fand nichts.

³⁵·Da sprach sie zu ihrem Vater: Möge es in den Augen meines Herrn nicht verdrießen, dass ich nicht vor dir aufstehen kann, es ist mir die Weise der Frauen. So suchte er und fand die Götzen nicht.

³⁶·Da verdroß es Jaakob, und nun erhub er sich zum Streite wider Laban. Es begann Jaakob und sprach zu Laban: Was ist mein Verbrechen, was mein Vergehen, dass du mir nachgesetzt!

³⁷·Da du alle meine Geräte betastet hast, was hast du von allen Geräten deines Hauses gefunden, lege es hier her in Gegenwart meiner und deiner Brüder, mögen sie zwischen uns beiden entscheiden!

³⁸·Der war ich zwanzig Jahre bei dir: Deine Schafe und deine Ziegen haben nicht fehlgeboren, und die Widder deiner Schafe habe ich nicht gegessen;

³⁹·Zerrissenes habe ich dir nicht heimgebracht, ich pflegte es

dir zu ersetzen, von meiner Hand pflegtest du es zu fordern; mein war das Gestohlene am Tage, mein war es des Nachts;

40. ich war da am Tage, da mich die Hitze verzehrte und der Frost in der Nacht; und verscheucht war der Schlaf von meinen Augen.

41. Das ward mir zwanzig Jahre in deinem Hause: gedient habe ich dir vierzehn Jahre für deine beiden Töchter, und sechs Jahre für deine Schafe, und du verändertest meinen Lohn in zehn erschiedenen Bestimmungen.

42. Wäre nicht der Gott meines Vaters, der Gott Abrahams und der Opferungsschauer Jizchals für mich gewesen, du hättest jetzt leer mich fortfortgeschickt! Mein Elend und meiner Hände Mühe hat Gott gesehen, und es in verwichener Nacht erwiesen.

43. Da antwortete Laban und sprach zu Jaakob: Die Töchter sind meine Töchter, die Söhne meine Söhne, die Schafe meine Schafe, und alles was du siehst, ist mein, — und meinen Töchtern, was könnte ich diesen heute thun, oder ihren Söhnen, die sie geboren?

44. Und nun, komme, laß uns einen Bund schließen, ich und du, dass Er Zeuge bleibe zwischen mir und dir!

45. Da nahm Jaakob einen Stein und hob ihn hoch auf zum Denkstein,

46. und es sprach Jaakob zu seinen Genossen: Sammelt auch Steine; sie nahmen Steine und machten einen Hügel, und sie aßen dort bei dem Hügel.

47. Laban nannte ihn Steinhügel des Zeugnisses, und Jaakob nannte ihn Galed.

48. Laban sagte nämlich: Dieser Steinhügel ist Zeuge zwischen mir und dir heute, darum nannte er ihn Galed,

49. und auch: Hammizpah (die Schaustätte), weil er gesagt

hatte: Gott wird zwischen mir und dir schauen — denn wir werden einander nicht mehr sichtbar sein.

50. Wenn du meine Töchter leiden lassen, oder zu meinen Töchtern noch Frauen nehmen wirst, so ist freilich kein Mensch bei uns, aber siehe: Gott ist Zeuge zwischen mir und dir!

51. Laban sprach ferner zu Jaakob: Siehe, hier ist dieser Steinhügel — und hier auch der Denkstein — den ich zwischen mich und dich geworfen,

52. Zeuge ist dieser Steinhügel und Zeuge dieser Denkstein, dass ich nie an diesem Steinhügel zu dir, und du nicht an diesem Steinhügel und diesem Denkstein zu mir vorüber ziehen wollest zum Bösen.

53. Der Gott Abrahams und der Gott Nachors — der Gott ihres Vaters — werden zwischen uns richten! Jaakob schwur bei dem Opferungsschauer seines Vaters Jizchak.

54. Jaakob bereitete ein Mahl auf dem Berge und lud seine Genossen ein zum Speisen; sie speisten und übernachteten auf dem Berge.

KAPITEL 32.1

Am Morgen früh stand Laban auf, küßte seine Söhne und seine Töchter und segnete sie; darauf ging Laban und kehrte zu seinem Orte zurück.

2. Jaakob aber war seines Weges gegangen, da trafen ihn Engel Gottes.

3. Als er sie sah, sprach Jaakob: Ein Gotteslager ist dies, und nannte den Ort Machnajim.

WAJISCHLACH

KAPITEL 32.2

Jaakob schickte Boten vor sich her zu seinem Bruder Esaw, nach dem Lande Seïr, dem Gefilde Edoms,
⁵·und befahl ihnen also: So sollt ihr Esaw, meinem Herrn, sagen: also hat dein Diener Jaakob gesprochen: Bei Laban habe ich als Fremdling geweilt und bin bis jetzt dort zurückgehalten worden.
⁶·So ward mir Ochs und Esel, Schaf und Knecht und Magd; ich habe gerne geschickt, dies meinem Herrn mitzuteilen, um Gunst in deinen Augen zu finden.
⁷·Die Boten kehrten zu Jaakob zurück und sagten: Wir sind zu deinem Bruder, zu Esaw, gekommen; er geht dir auch entgegen; aber vierhundert Mann sind mit ihm!
⁸·Da fürchtete sich Jaakob sehr und es war ihm Angst. Er teilte die Leute, die er bei sich hatte, und so auch die Schafe, die Rinder und die Kamele zu zwei Lagern,
⁹·und sprach: Kommt Esaw zu dem einen Lager und schlägt es, so wird das übrige Lager der Rettung werden.

¹⁰·Darauf sprach Jaakob: *Gott* meines Vaters Abraham und Gott meines Vaters Jizchak, *Gott*, der zu mir spricht: Kehre zu deinem Lande und deinem Geburtsorte zurück, so werde ich dir Gutes erzeigen, —

¹¹·ich bin schon zu geringe gegen alle die Wohlthaten und all die Treue, die du bereits an deinem Diener geübt; denn mit meinem Stecken habe ich diesen Jarden überschritten, und jetzt bin ich zu zwei Lagern geworden, —

¹²·rette mich doch von der Hand meines Bruders, von Esaws Hand; denn ich fürchte ihn, dass er nicht komme und mich, die Mutter sammt den Kindern erschlage;

¹³·und *du* hast es doch gesagt: Gutes, Gutes will ich dir erzeigen, so dass ich deine Nachkommen wie Sand des Meeres werde werden lassen, der vor Menge nicht gezählt werden kann.

¹⁴·Dort blieb er in dieser Nacht und nahm von dem, was er in Händen hatte, ein Geschenk für seinen Bruder Esaw:

¹⁵·Zweihundert Ziegen und zwanzig Böcke, zweihundert Schafe und zwanzig Widder,

¹⁶·dreißig säugende Kamele mit ihren Jungen, vierzig Kühe und zehn Stiere, zwanzig Eselinnen und zehn Füllen.

¹⁷·In getrennten Herden übergab er es seinen Knechten und sprach zu seinen Knechten: Gehet vor mir her und lasset einen Zwischenraum zwischen Herde und Herde.

¹⁸·Er befahl dem ersten also: Wenn dich mein Bruder Esaw trifft und fragt dich also: Wessen bist du, und wohin gehst du, und wessen sind alle die vor dir Gehenden?

¹⁹·So sagst du: Deines Dieners Jaakob, es ist ein Esaw, meinem Herrn, gesendetes Geschenk, und siehe, auch er selbst folgt hinter uns.

²⁰·So befahl er auch dem zweiten und dritten, und allen

denen, die hinter den Herden gingen: In dieser Weise sprechet zu Esaw, wenn ihr ihn treffet,

21.immer saget: Siehe, auch dein Diener Jaakob ist hinter uns! Denn er dachte, ich möchte erst seinen Zorn mit dem mir vorangehenden Geschenke beschwichtigen und dann sein Angesicht sehen, vielleicht wird er mein Angesicht erheben.

22.So zog das Geschenk vor ihm her, er aber blieb in dieser Nacht wach im Lager.

23.Da stand er auf in der Nacht, nahm seine beiden Frauen, seine beiden Mägde und seine elf Kinder und überschritt die Furt des Jabbok.

24.Er nahm sie nämlich und führte sie über den Fluß; und brachte das Seine hinüber.

25.Übrig blieb Jaakob allein, da rang jemand mit ihm, bis der Morgen heraufzog.

26.Er sah, dass er an ihn nichts vermochte, so griff er an den Ballen seiner Hüfte; da wich Jaakobs Hüftballen, indem er mit ihm rang.

27.Da sprach er: Entlasse mich, denn der Morgen ist heraufgezogen. Er aber sprach: Ich entlasse dich nicht, du habest mich denn gesegnet.

28.Da sprach er: Was ist dein Name? Er sprach: Jaakob.

29.Da sprach er: Nicht Jaakob soll mehr dein Name gesprochen werden, sondern Jisrael; denn du bist bei Gott und bei Menschen der Überragende geworden, da du vermocht hast.

30.Jaakob fragte darauf und sprach: Sage mir doch deinen Namen. Er aber sprach: Wozu dies, dass du nach meinem Namen fragst? Und er segnete ihn dort.

31.Jaakob nannte den Namen des Ortes Peniel; denn ich habe Göttliches gesehen von Angesicht zu Angesicht und mein Wesen ist unversehrt geblieben.

³²·Die Sonne ging ihm auf, als er Penuel vorüber war, und er hinkte auf seiner Hüfte.

³³·Darum sollen Jisraels Söhne nicht die Sehne der Schwäche essen, welche am Hüftballen ist, bis auf diesen Tag; denn er hat an Jakobs Hüftballen an die Sehne der Schwäche gegriffen.

KAPITEL 33

Jaakob erhob seine Augen und sah, siehe Esaw kommt — und mit ihm — vierhundert Mann! Da teilte er die Kinder auf Lea, auf Rachel und auf die beiden Mägde.
²·Er stellte die Mägde und ihre Kinder zuerst, Lea und ihre Kinder sodann, Rachel und Joseph zuletzt.
³·Er aber ging vor ihnen her und bückte sich siebenmal zur Erde, bis er zu seinem Bruder hinangelangte.
⁴·Da lief ihm Esaw entgegen und umarmte ihn, warf sich an seinen Hals und küßte ihn; und sie weinten.
⁵·Da erhob er seine Augen und sah die Frauen und die Kinder und sprach: Wer sind dir diese denn? Er prach: Die Kinder sind es, die Gott deinem Diener geschenkt.
⁶·Da traten die Mägde hin, sie und ihre Kinder, und bückten sich;
⁷·es trat auch Lea und ihre Kinder hin und diese bückten sich, und nachher trat Joseph und Rachel hin und sie bückten sich.
⁸·Da sprach er: Was soll dir denn dieses ganze Lager, das ich

getroffen? Er sprach: Gunst in den Augen meines Herrn zu finden.

⁹·Da sprach Esaw: Ich habe viel; mein Bruder, bleibe dir, was dein ist.

¹⁰·Darauf sprach Jaakob: Nicht doch, wenn ich doch Gunst in deinen Augen gefunden habe, so nimm mein Huldigungsgeschenk von meiner Hand; denn deshalb (bitte ich darum), ich habe zu deinem Angesicht wie zu einem Richter aufgeschaut, und du hast mich wohlwollend aufgenommen.

¹¹·Nimm doch meinen Segen, der dir gebracht worden, denn es hat Gott mir ihn gnädig gewährt, und dann: ich habe alles. Er drang in ihn, da nahm er.

¹²·Er sprach: Laß uns nun aufbrechen und gehen, ich will mit dir Schritt halten.

¹³·Darauf erwidert er ihm: Mein Herr weiß, dass die Kinder zart sind, und die Schafe und Rinder liegen in ihrem Gedeihen mir ob; triebe man sie einen Tag an, es stürben alle Schafe.

¹⁴·Ziehe doch mein Herr vor seinem Diener her, und ich, ich möchte in meinem stillen Gang mich weiter führen, nach dem Gange des Gutes, welches vor mir geht, und nach dem Gange der Kinder, bis dass ich zu meinem Herrn gen Seïr komme.

¹⁵·Da sprach Esaw: Ich möchte doch von dem Volke, das mit mir ist, bei dir stellen. Er aber sprach: Wozu dieses? Möge ich Gunst in meines Herrn Augen finden!

¹⁶·So kehrte Esaw an diesem Tage seines Weges nach Seïr zurück,

¹⁷·und Jaakob zog gen Sukkoth und baute sich ein Haus. Für sein Besitzthum baute er Hütten, darum nannte er den Ort: Sukkoth.

¹⁸·Wohlbehalten kam Jaakob zur Stadt Schechem, welche im

Lande Kenaan liegt, als er von Padan Aram kam, und lagerte im Angesicht der Stadt.

^{19.}Den Teil des Feldes, wo er sein Zelt aufgeschlagen hatte, kaufte er von den Söhnen Chamors, des Vaters Schechems, um hundert Keßita.

^{20.}Dort errichtete er einen Altar zum Denkmal und verkündete sich: Gott ist Gott Jisraels.

KAPITEL 34

Dina, Leas Tochter, die sie dem Jaakob geboren hatte, ging hinaus, sich unter den Töchtern des Landes umzusehen. ²·Da sah sie Schechem, der Sohn des Chiwiten Chamor, der Fürst des Landes, nahm sie, legte sich zu ihr und that ihr Gewalt an.
³·Es hing aber seine Seele an Dina, der Tochter Jaakobs; er liebte das Mädchen und redete dem Mädchen ans Herz.
⁴·Da sprach Schechem zu seinem Vater Chamor also: Nimm mir dieses Mädchen zur Frau.
⁵·Jaakob hatte gehört, dass er seine Tochter Dina entweiht hatte, seine Söhne aber waren bei seiner Habe auf dem Felde, und es hatte Jaakob geschwiegen, bis sie heimkommen würden.
⁶·Da ging Chamor, Schechems Vater, hinaus zu Jaakob, mit ihm zu reden.
⁷·Inzwischen waren die Söhne Jaakobs vom Felde heimgekommen, sobald sie es gehört. Die Männer waren schmerzlich

betrübt und es brannte sie sehr; denn er hatte an Jisrael eine Schandthat geübt, sich zur Tochter Jaakobs zu legen; also würde sonst nicht geschehen sein!

⁸·Da sprach mit ihnen Chamor also: Schechems, meines Sohnes, Seele hat Lust an eurer Tochter, gebet sie ihm doch zur Frau,

⁹·und verschwägert euch mit uns, eure Töchter gebet uns und unsere Töchter nehmet euch,

¹⁰·und bei uns möget ihr wohnen bleiben; das Land soll vor euch offen sein, bleibet, bereiset es und siedelt euch darin an.

¹¹·Schechem aber redete zu ihrem Vater und ihren Brüdern: Möge ich Gunst in euren Augen finden! Was ihr mir sagen werdet, will ich thun.

¹²·Leget mir sehr viel Ehegut und Geschenke auf, ich will es geben, wie ihr mir sagen werdet, und gebet mir das Mädchen zur Frau.

¹³·Da antworteten die Söhne Jaakobs dem Schechem und seinem Vater Chamor mit List und sie führten das Wort. Wars doch der, der ihre Schwester entehrt hatte!

¹⁴·Sie sagten ihnen: Wir können dies nicht thun, unsere Schwester einem Manne zu geben, der eine Vorhaut hat; denn das ist uns eine Schmach.

¹⁵·Jedoch dadurch werden wir euch zu willen werden, wenn ihr werden wollt wie wir, dass euch alles Männliche beschnitten werde.

¹⁶·Dann werden wir unsere Töchter euch geben und eure Töchter uns nehmen, werden bei euch wohnen und wir werden zu einem Volke werden.

¹⁷·Wenn ihr uns aber nicht hinsichtlich des Beschnittenwerdens Gehör geben werdet, so nehmen wir unsere Tochter und gehen.

¹⁸·Ihre Worte wurden gut befunden in Chamors und Schechems, des Sohnes Chamors, Augen.

¹⁹·und es zögerte der Jüngling nicht die Sache auszuführen; denn er hatte Verlangen an der Tochter Jaakobs; er war aber der Geehrteste unter seinem ganzen väterlichen Hause.

²⁰·Da kam Chamor und sein Sohn Schechem zu dem Thore ihrer Stadt und sie sprachen zu den Leuten ihrer Stadt also:

²¹·Diese Leute sind friedlich mit uns, mögen sie im Lande bleiben und es bereisen; das Land, es ist ja geräumig, möge ihnen offen stehen; ihre Töchter können wir uns nehmen und unsere Töchter ihnen geben.

²²·Nur dadurch wollen uns die Leute willfährig werden bei uns zu bleiben, ein Volk zu werden: dass uns alles Männliche beschnitten werde, wie sie beschnitten sind.

²³·Ihre Habe, ihr Erwerb und all ihr Vieh sind dann ja unser, nur lasset uns ihnen willfährig werden, dass sie bei uns bleiben.

²⁴·Da gehorchten Chamor und seinem Sohne Schechem alle, die aus dem Thor seiner Stadt gingen, und es wurden alle Männlichen beschnitten, alle die aus dem Thore seiner Stadt gingen.

²⁵·Da war es, am dritten Tage, während diese leidend waren, nahmen zwei der Söhne Jaakobs, Schimeon und Lewi, Dinas Brüder, jeder sein Schwert, kamen über die in Sicherheit ruhende Stadt und erschlugen alle Männlichen.

²⁶·Chamor und seinen Sohn Schechem hatten sie mit dem Schwerte erschlagen, nahmen Dina aus Schechems Haus und gingen.

²⁷·Die Söhne Jaakobs kamen über die Erschlagenen, plünderten die Stadt, weil sie ihre Schwester entehrt;

²⁸·ihre Schafe, ihre Rinder und ihre Esel, die in der Stadt und die auf dem Felde waren, nahmen sie;

²⁹·auch all ihr Vermögen und alle ihre Kinder und ihre Frauen

führten sie gefangen fort und plünderten sie, und alles, was im Hause.

30. Da sprach Jaakob zu Schimeon und Lewi: Ihr habt mich getrübt, mich dem Bewohner des Landes, dem Kenaani und Perisi, in Verruf zu bringen! Dabei bin ich nur gering an Zahl, werden sie sich über mich versammeln und mich schlagen, so werde ich und mein Haus vernichtet werden.

31. Da sprachen sie: Soller denn wie eine Buhle unsere Schwester behandeln?!

KAPITEL 35

Da sprach Gott zu Jaakob: Mache dich auf, ziehe hinauf nach Bethel und weile dort, und errichte dort einen Altar dem Gotte, der dir sichtbar geworden ist, als du vor deinem Bruder Esaw flohest.
²·Darauf sprach Jaakob zu seinem Hause und zu allen, die bei ihm waren: Schaffet die Götter der Fremde fort, die unter euch sind, reinigt euch und wechselt eure Kleider.
³·Wir wollen uns aufmachen und nach Bethel hinaufziehen; dort werde ich dem Gotte einen Altar errichten, der mich am Tage meiner Not erhört und mit mir auf dem Wege gewesen, den ich gegangen.
⁴·Sie gaben Jaakob alle Götter der Fremde, die in ihrer Hand, und die Ringe, welche in ihren Ohren waren, und Jaakob vergrub sie unter der Eiche, welche bei Schechem ist.
⁵·Darauf zogen sie. Es war ein Gottesschrecken auf den Städten, die rings um sie waren, so dass sie den Söhnen Jaakobs nicht nachsetzten.

⁶·Jaakob kam nach Lus, welches im Lande Kenaan ist, — es ist dies Bethel er und das ganze Volk, das mit ihm war.

⁷·Dort baute er einen Altar und nannte die Stätte El Bethel; denn dort waren ihm die göttlichen Beziehungen offenbar geworden, als er vor seinem Bruder floh.

⁸·Da starb Debora, Ribkas Amme, und wurde unterhalb Bethel unter die Eiche begraben; er nannte sie Thräneneiche.

⁹·Es ward Gott nochmals dem Jaakob sichtbar, als er von Padan Aram kam, und segnete ihn.

¹⁰·Es sprach Gott zu ihm: Dein Name ist Jaakob; nicht mehr sollst du Jaakob genannt werden, sondern Jisrael soll dein Name sein; da nannte Er ihn Jisrael.

¹¹·Gott sprach zu ihm: Ich bin Gott, der Allgenügende, werde fruchtbar und vervielfältige dich; ein Volk, und zwar eine Versammlung von Völkern, soll von dir werden; Könige sollen aus deinen Lenden stammen,

¹²·und das Land, das ich dem Abraham und Jizchak gegeben, dir werde ich es geben, und deinem dir nachfolgenden Samen werde ich das Land geben.

¹³·Da enthob sich Gott von ihm an der Stätte, wo er mit ihm gesprochen.

¹⁴·Da errichtete Jaakob ein Denkmal an der Stelle, an welcher er mit ihm gesprochen, ein Denkmal von einem Stein, goß ein Gußopfer darauf und schüttete Öl darauf hin.

¹⁵·Jaakob nannte den Ort, wo Gott mit ihm gesprochen hatte: Bethel.

¹⁶·Sie zogen von Bethel, und es war noch etwa eine Strecke Landes nach Efrath zu kommen, da gebar Rachel und es ging ihr schwer in ihrer Geburt.

¹⁷·Als sie so schwer fortschritt in der Geburt, sprach die

Hebamme zu ihr: Fürchte nicht, denn auch dieses hier ist dir ein Sohn.

18. Indem darauf ihre Seele schied, denn sie starb, nannte sie ihn Benoni; sein Vater aber nannte ihn Binjamin.

19. So starb Rachel und wurde auf dem Wege nach Efrath, das ist Beth Lechem, begraben.

20. Jaakob stellte ein Denkmal auf ihr Grab; es ist dies das Grabdenkmal Rachels bis heute.

21. Jisrael zog weiter und schlug sein Zelt entfernt von dem Herdenturme auf.

22. Da war es, als Jisrael in diesem Lande wohnte, ging Reuben und nahm sein Lager neben Bilha, der Halbfrau seines Vaters, so dass Jisrael davon hörte — da waren Jaakobs Söhne zwölf.

23. Leas Söhne: Jaakobs Erstgeborner Reuben, und Schimeon, Lewi, Jehuda, Jissachar und Sebulun.

24. Rachels Söhne: Josef und Binjamin.

25. Bilhas Söhne, der Magd Rachels: Dan und Naftali.

26. Silpas Söhne, der Magd Leas: Gad und Ascher. Dies waren Söhne Jaakobs, die ihm in Padan Aram geboren wurden.

27. Da kam Jaakob zu seinem Vater Jizchak nach Mamre Kirjath Arba, es ist das Chebron, wo Abraham und Jizchak sich aufgehalten.

28. Jizchaks Tage waren hundertundachtzig Jahre.

29. Da verschied Jizchak und starb und wurde zu seinen Völkern gesammelt, alt und an Tagen satt, und es begruben ihn Esaw und Jaakob, seine Söhne.

KAPITEL 36

Dies sind die Nachkommen Esaws, das ist Edom.
²·Esaw hatte seine Frauen aus den Töchtern Kenaans genommen, Ada, eine Tochter des Chitters Elon, und Oholibama eine Tochter Anas, Tochter des Chiwiten Zibeon;
³·auch Basemath, Tochter Jischmaels, Schwester des Nebajoth.
⁴·Ada gebar Esaw Elifas, und Basemath gebar Reuel.
⁵·Oholibama gebar Jeusch, Jaalam und Korach. Dies sind Söhne Esaws, welche ihm im Lande Kenaan geboren worden.
⁶·Esaw nahm seine Frauen, seine Söhne, seine Töchter und alle Seelen seines Hauses, seine Habe und all sein Vieh und all seinen Erwerb, den er im Lande Kenaan erworben hatte, und ging in ein (anderes) Land vor seinem Bruder Jaakob;
⁷·denn ihr Vermögen war zu viel, als dass sie hätten zusammen wohnen können, und das Land ihres Aufenthaltes konnte sie wegen ihrer Herden nicht tragen.

⁸·Da ließ sich Esaw auf dem Gebirge Seïr nieder, Esaw, das ist Edom.

⁹·Dies nun sind die Nachkommen dem Gebirge Seïr.

¹⁰·Es sind dies die Namen der Söhne Esaws: Elifas, Sohn Adas, der Frau Esaws; Reuel, Sohn der Basemath, der Frau Esaws.

¹¹·Söhne des Elifas waren Theman, Omar, Zefo, Gaatham und Kenas.

¹²·Thimna war Halbfrau des Elifas, Sohn Esaws, und sie gebar Elifas den Amalek. Dies die Söhne Adas, der Frau Esaws.

¹³·Dies sind Söhne Reuels: Nachath, Serach, Schama und Misa. Diese waren Söhne Basemaths, der Frau Esaws.

¹⁴·Diese waren Söhne der Oholibama, Tochter Anas, Tochter Zibeons, der Frau Esaws: sie gebar Esaw Jeusch, Jaalam und Korach.

¹⁵·Dies wurden die Fürsten der Söhne Esaws. Die Söhne des Elifas, des Erstgebornen Esaws: Fürst Theman, Fürst Omar, Fürst Zefo, Fürst Kenas,

¹⁶·Fürst Korach, Fürst Gaatham, Fürst Amalek. Dies waren Elifas Fürsten im Lande Edom, dies die Söhne Adas.

¹⁷·Dies aber die Söhne Reuels, des Sohnes Esaws: Fürst Nachath, Fürst Serach, Fürst Schamma, Fürst Misa. Dies Reuels Fürsten im Lande Edom, dies die Söhne der Basemath, der Frau Esaws.

¹⁸·Dies die Söhne Oholibamas, der Frau Esaws: Fürst Jeusch, Fürst Jaalam, Fürst Korach. Dies die Fürsten Oholibamas, Tochter Anas, der Frau Esaws.

¹⁹·Dies sind die Söhne Esaws, und dies ihre Fürsten, dies ist Edom.

²⁰·Dies sind die Söhne Seïrs, des Choriten, die Bewohner des Landes: Lotan, Schobal, Zibeon und Ana;

²¹·Dischon, Ezer und Dischan. Dies des Fürsten des Choriten, Söhne Seïrs, im Lande Edom.

²²·Lotans Söhne waren Chori und Hemam, Lotans Schwester Thimna.

²³·Dies die Söhne Schobals: Alwan, Manachath und Ebal, Schefo und Onam.

²⁴·Dies die Söhne Zibeons: sowohl Aja als Ana: es ist dies derselbe Ana, der die Jemim in der Wüste fand, als er die Esel seines Vaters Zibeon weidete.

²⁵·Dies die Söhne Anas: Dischon, und auch Oholibama war eine Tochter Anas.

²⁶·Dies die Söhne Dischans: Chemdan, Eschban, Jithran und Keran.

²⁷·Dies die Söhne Ezers: Bilhan, Saawan und Akan.

²⁸·Dies die Söhne Dischans: Uz und Aran.

²⁹·Dieses sind die Fürsten des Choriten: Fürst Lotan, Fürst Schobal, Fürst Zibeon, Fürst Ana,

³⁰·Fürst Dischon, Fürst Ezer, Fürst Dischan; dies sind die Fürsten des Choriten nach ihren Fürsten im Lande Seïr.

³¹·Und dies sind die Könige, welche im Lande Edom regierten, bevor noch ein König die Söhne Jisraels regierte.

³²·In Edom regierte Bela, Sohn Beors; der Name seiner Stadt war Dinhaba.

³³·Bela starb, und an seiner Stelle regierte Jobab, Sohn Serachs aus Bazra.

³⁴·Jobab starb, und es regierte an seiner Stelle Chuscham aus dem Lande Theman.

³⁵·Chuscham starb, und es regierte an seiner Stelle Hadad, Sohn Bedads, der Midjan im Gefilde Moab schlug; der Name seiner Stadt war Awith.

³⁶·Hadad starb, und es regierte an seiner Stelle Samla aus Masreka.

³⁷·Samla starb, da regierte an seiner Stelle Schaul aus Rechoboth am Strom.

³⁸·Schaul starb, und es regierte an seiner Stelle Baal Chanan, Sohn Achbors.

³⁹·Baal Chanan, Sohn Achbors, starb, und es regierte an seiner Stelle Hadar; seine Stadt hieß Pau, seine Frau hieß Mehetabel Tochter Matreds, Tochter Me-Sahabs.

⁴⁰·Dies sind die Namen der Fürsten Esaws nach ihren Familien, nach ihren Orten mit deren Namen: Fürst Thimna, Fürst Alwa, Fürst Jetheth,

⁴¹·Fürst Oholibama, Fürst Ela, Fürst Pinon,

⁴²·Fürst Kenas, Fürst Theman, Fürst Mibzar,

⁴³·Fürst Magdiel, Fürst Iram. Dies sind Edoms Fürsten nach ihren Wohnplätzen im Lande ihres Besitzes; dies ist Esaw, der Stammvater Edoms.

WAJESCHEW

KAPITEL 37

Jaakob ließ sich im Lande des Aufenthaltes seines Vaters, im Lande Kenaan, häuslich nieder.
²·Dies sind die Nachkommen Jaakobs: Josef, im Alter von siebzehn Jahren, war als Hirte mit seinen Brüdern bei den Schafen, als Jüngling aber war er mit den Söhnen Bilhas und mit den Söhnen Silpas, der Frauen seines Vaters, und Josef brachte ihr Gerede böse zu dem Vater.
³·Jisrael aber liebte Josef mehr als alle seine Söhne, denn er war ihm ein Sohn des Alters; und er pflegte ihm einen verbrämten Rock zu machen.
⁴·Als die Brüder sahen, dass gerade ihn ihr Vater mehr als alle seine Brüder liebte, da haßten sie ihn, und sie konnten mit ihm nicht zum Frieden sprechen.
⁵·Da träumte Josef einen Traum und er erzählte es seinen Brüdern; da haßten sie ihn nur noch um so mehr.
⁶·Er aber sprach zu ihnen: Höret doch diesen Traum, der mir geträumt.

⁷·Siehe da, wir trugen Garbenhaufen in die Mitte des Feldes zuzusammen, — und siehe, da stellten sich meine Garbe aufrecht und blieb auch stehen, — und siehe, da stellten sich eure Garben in einen Kreis um sie und bückten sich vor meiner Garbe!

⁸·Da sagten ihm seine Brüder: Willst du wohl König über uns werden, oder jetzt schon uns beherrschen! Da haßten sie ihn um so mehr, wegen seiner Träume und wegen seiner Reden.

⁹·Ihm träumte noch ein anderer Traum, und er erzählte ihn seinen Brüdern. Er sprach: Siehe, ich habe noch einen Traum gehabt, und siehe, die Sonne und der Mond und elf Sterne bückten sich vor mir.

¹⁰·Er erzählte es seinem Vater und seinen Brüdern, da fuhr ihn sein Vater an und sprach: Was ist das für ein Traum, den du geträumt hast! Sollen wohl gar wir, ich, deine Mutter und deine Brüder, kommen, uns vor dir zur Erde hin zu beugen!?

¹¹·Da beneideten ihn die Brüder, und sein Vater behielt die Sache in Erinnerung.

¹²·Darauf gingen die Brüder fort — die Schafe ihres Vaters in Schechem zu weiden.

¹³·Da sprach Jisrael zu Josef: Weiden deine Brüder nicht in Schechem? Gehe, ich will dich zu ihnen senden. Er sagte zu ihm: Ich bin bereit.

¹⁴·Gehe doch, sagte er ihm darauf, siehe nach dem Wohlbefinden deiner Brüder und dem Wohlbefinden der Schafe, und bringe mir Antwort. So schickte er ihn aus dem Thale Chebrons, und er kam nach Schechem.

¹⁵·Es fand ihn ein Mann, und siehe, er war herumirrend auf dem Felde; da fragte ihn der Mann: Was suchst du?

¹⁶·Er sagte: Meine Brüder suche ich, sage mir doch, wo sie weiden.

¹⁷·Sie sind von hier fortgezogen, sagte der Mann, denn ich

habe sie sagen hören: Wir wollen nach Dothan gehen. Da ging Josef seinen Brüdern nach und fand sie in Dothan.

[18.]Sie sahen ihn von ferne. Bevor er aber ihnen noch näher kam, stellten sie ihn sich bis zur Todeswürdigkeit ränkeschmiedend vor.

[19.]Sie sagten einer zum andern: Siehe, da kommt der Meister der Träume!

[20.]Und nun kommt, erschlagen wir ihn, werfen wir ihn in eine der Gruben und sagen, ein wildes Tier hat ihn gefressen: dann wollen wir sehen, was aus seinen Träumen wird!

[21.]Reuben hörte es und rettete ihn aus ihrer Hand; er sprach: Wir werden ihn nicht erschlagen!

[22.]Es sprach Reuben zu ihnen: Vergießet kein Blut, werfet ihn in diese Grube, die in der Wüste ist, aber Hand leget nicht an ihn! Um ihn aus ihrer Hand zu retten, ihn zu seinem Vater zurückzubringen.

[23.]Da war es denn, als Josef zu seinen Brüdern gekommen war, ließen sie den Josef seinen Rock, den verbrämten Rock, den er an hatte, ausziehen,

[24.]nahmen ihn, und warfen ihn in die Grube. Die Grube war aber leer, es war kein Wasser darin.

[25.]Als sie sich darauf zum Essen niedersetzten, da hoben sie ihre Augen auf und sahen, siehe, da war eine von Gilead kommende Karawane Jischmaeliten, und ihre Kamele Gewürze, Balsam und Lotus tragend; sie waren im Begriff, dies nach Mizrajim hinabzuführen.

[26.]Da sprach Jehuda zu seinen Brüdern: Welch ein Vorteil ists, wenn wir unsern Bruder erschlagen und sein Blut verheimlichen!

[27.]Kommt, wir wollen ihn an die Jischmaeliten verkaufen,

unsere Hand aber soll nicht an ihn rühren, denn er ist doch unser Bruder, unser Fleisch! Die Brüder gehorchten.

²⁸·Inzwischen zogen midjanitische Männer, Händler, vorüber, zogen und holten Josef aus der Grube, und verkauften Josef an die Jischmaeliten für zwanzig Silberstücke, und diese brachten Josef nach Mizrajim.

²⁹·Als nachher Reuben zur Grube zurückkehrte, und siehe, Josef war nicht in der Grube, da zerriß er seine Kleider,

³⁰·kehrte wieder zu seinen Brüdern zurück, und sprach: Das Kind ist nicht da, und ich, wohin komme nun ich?!

³¹·Sie nahmen Josefs Rock, schlachteten einen Ziegenbock, tauchten den Rock in das Blut, ließen ihn zu ihrem Vater kommen und sagen: Dies haben wir gefunden, erkenne doch, ob es der Rock deines Sohnes ist oder nicht.

³²·schickten den verbrämten Rock, ließen ihn zu ihrem Vater kommen und sagen: Dies haben wir gefunden, erkenne doch, ob es der Rock deines Sohnes ist oder nicht.

³³·Er erkannte ihn und sprach: Meines Sohnes Rock! Ein wildes Tier hat ihn verzehrt — zerrissen, *zerrissen* ist Josef worden!"

³⁴·Da zerriß Jaakob seine Kleider, legte einen Sack an seine Lenden und hielt sich in Trauer um seinen Sohn viele Tage.

³⁵·Alle seine Söhne und alle seine Töchter erhoben sich, Trost anzunehmen; er aber weigerte sich, Trost anzunehmen, und sprach: Denn ich will zu meinem Sohne trauernd in das Grab steigen! Und so beweinte ihn sein Vater.

³⁶·Die Medaniten aber hatten ihn nach Mizrajim hin verkauft, an Potiphar, Pharaos Hofbedienten, den Fürsten der Köche.

KAPITEL 38

In dieser Zeit ging Jehuda fern hinab von seinen Brüdern, und entfernte sich bis zu einem Manne aus Adulam, der Chira hieß.

2. Dort sah Jehuda die Tochter eines Kaufmannes, der Schua hieß, die heiratete er und kam zu ihr.

3. Sie empfing und gebar einen Sohn; er nannte ihn: Er.

4. Sie empfing wieder und gebar einen Sohn; den nannte sie Onan.

5. Sie gebar noch einen Sohn und nannte ihn Schela, und er war in Kesib, als sie ihn gebar.

6. Jehuda nahm seinem Erstgebornen Er eine Frau, die Thamar hieß.

7. Er, der Erstgeborene Jehudas, war aber bös in Gottes Augen und Gott ließ ihn sterben.

8. Da sprach Jehuda zu Onan: Komme zu deines Bruders Frau und erfülle die Schwagerehe an ihr und stelle eine Nachkommenschaft deinem Bruder her.

⁹·Onan wußte, dass ihm nicht die Nachkommenschaft werden würde; so oft er daher zu seines Bruders Frau kam, vernichtete er es zur Erde, um seinem Bruder keine Nachkommen zu gewähren.

¹⁰·Gott misfiel, was er gethan, und er ließ auch ihn sterben.

¹¹·Da sprach Jehuda zu seiner Schwiegertochter Thamar: Bleibe Witwe in deines Vaters Hause, bis mein Sohn Schela groß sein wird; denn er dachte: er könnte auch wie seine Brüder sterben. Thamar ging und blieb im Hause ihres Vaters.

¹²·Nach langer Zeit starb Schuas Tochter, Jehudas Frau; da suchte Jehuda Trost und ging hinauf zu seinen Schafscherern, er und sein Freund Chira aus Adulam, nach Thimna.

¹³·Da wurde Thamar erzählt: Siehe, dein Schwiegervater geht hinauf nach Thimna, seine Schafe zu scheeren.

¹⁴·Da legte sie ihre Witwenkleider ab, bedeckte sich mit einem Schleier und verhüllte sich, und setzte sich an eine offene Aussicht, welche am Wege nach Thimna lag; denn sie hatte gesehen, Schela war groß geworden und sie war ihm nicht zur Frau gegeben worden.

¹⁵·Jehuda sah sie und hielt sie für eine Buhlerin, denn sie hatte ihr Gesicht bedeckt.

¹⁶·Er lenkte ihr zu in den Weg ein und sprach: Gestatte doch, dass ich zu dir komme, denn er wußte nicht, dass sie seine Schwiegertochter war. Da sprach sie: Was giebst du mir, wenn du zu mir kommst?

¹⁷·Er sprach: Ich werde ein Ziegenböckchen von den Schafen schicken. Wenn du ein Pfand giebst, bis du schickest, erwiderte sie.

¹⁸·Welches Pfand soll ich dir geben? sagte er. Sie sagte: Dein Siegel und deine Schnur und den Stab, den du in der Hand hast. Er gab es ihr, kam zu ihr und sie empfing ihm.

¹⁹·Sie stand auf und ging, legte ihren Schleier ab und zog ihre Witwenkleider an.

²⁰·Jehuda schickte das Ziegenböckchen durch seinen Freund aus Adulam, das Pfand aus der Hand der Frau zu nehmen; er fand sie aber nicht.

²¹·Er erkundigte sich bei ihren Ortsleuten: Wo ist die Buhlerin, sie war in der Aussicht an dem Wege? Sie sagten: Hier war keine Buhlerin.

²²·Er kehrte zu Jehuda zurück und prach: Ich habe sie nicht gefunden, und auch die Ortsleute haben gesagt: hier war keine Buhlerin.

²³·Da sprach Jehuda: Mag sie es hinnehmen! Sonst werden wir noch zum Gespötte. Ich habe ja dieses Böckchen geschickt, und du hast sie nicht gefunden!

²⁴·Ungefähr um drei Monate wurde dem Jehuda berichtet: Deine Schwiegertochter Thamar hat Unzucht getrieben und sie hat auch unzüchtig empfangen. Jehuda sprach: Führet sie hinaus, dass sie verbrannt werde.

²⁵·Sie ward hinausgeführt — sie hatte aber zu ihrem Schwiegervater geschickt: Dem Manne, dem diese gehören, habe ich empfangen! Sie ließ ihm sagen: Erkenne doch, wem diese, das Siegel und die Schnüre und der Stab, gehören!

²⁶·Jehuda erkannte sie und sprach: Sie ist gerechter als ich, deshalb, weil ich sie meinem Sohne Schela nicht gegeben habe! Er erkannte sie jedoch nicht weiter.

²⁷·Zur Zeit ihrer Niederkunft waren Zwillinge in ihrem Schoße.

²⁸·Als sie gebar, streckte einer eine Hand, da nahm die Hebamme und knüpfte einen Purpurfaden um seine Hand, damit zu sagen: der ist zuerst gekommen.

[29.]Kaum aber wollte er seine Hand zurückziehen, war sein Bruder herausgekommen, da sprach sie: Was hast du deinetwegen für eine Bahn gebrochen! Er nannte ihn Perez.

[30.]Nachher kam sein Bruder, der den Purpurfaden an der Hand hatte; den nannte er Serach.

KAPITEL 39

Josef war inzwischen nach Mizrajim hinabgeführt worden, und Potiphar, ein Hofbedienter Pharaos, der Fürst der Köche, ein mizrischer Mann, kaufte ihn aus der Hand der Jischmaeliten, die ihn dorthin gebracht hatten.

2. Da war *Gott* mit Josef, er ward ein alles glücklich ausführender Mann, und ward dies in dem Hause seines mizrischen Herrn!

3. Als sein Herr gewahrte, dass *Gott* mit ihm war, und alles, was er that, *Gott* durch seine Hand gelingen ließ:

4. Da fand Josef Gunst in seinen Augen, so dass er ihn selbst bedienen mußte, und endlich setzte er ihn über sein Haus, und gab alles, was er hatte, in seine Hand.

5. Da war es nun, seitdem er ihn in sein Haus, und über alles, was er hatte, als Verwalter eingesetzt, segnete Gott das Haus des Mizri in Josefs Veranlassung; Segen *Gottes* war in allem, was er hatte, im Hause und auf dem Felde.

⁶·Alles Seine überließ er in Josefs Hand und wußte neben ihm von Nichts als von dem Brote, das er aß — und dabei war Josef schön von Gestalt und schön von Anblick!

⁷·So war es, nach diesen Vorgängen, da hob die Frau seines Herrn ihre Augen zu Josef auf und sprach: Lege dich zu mir!

⁸·Er weigerte sich und sprach zu der Frau seines Herrn: Siehe, mein Herr weiß neben mir um nichts, was im Hause vorgeht, und alles, was ihm ist, hat er in meine Hand gegeben;

⁹·in diesem Hause ist niemand größer als ich; nicht das Geringste hat er mir vorenthalten außer dich, insofern du seine Frau bist: Wie soll ich nun eine so große Schlechtigkeit begehen, und mich gegen Gott versündigen!

¹⁰·Da war es nun, da sie Tag für Tag zu Josef sprach, und er ihr kein Gehör gab, bei ihr zu liegen, um sie zu sein;

¹¹·da war es an einem solchen Tage, — er kam ins Haus, um sein Geschäft auszuführen, es war keiner von des Hauses Leuten dort im Hause:

¹²·da ergriff sie ihn an seinem Kleide und sprach: Lege dich doch zu mir! Er ließ sein Kleid in ihrer Hand, floh und ging hinaus.

¹³·Als sie sah, dass er sein Kleid in ihrer Hand gelassen und hinaus geflohen war,

¹⁴·rief sie ihre Hausleute und sagte ihnen: Sehet, hat er uns einen ibrischen Mann ins Haus gebracht, um mit uns Mutwillen zu treiben! Er kam zu mir, sich zu mir zu legen, da rief ich mit lauter Stimme.

¹⁵·Da er jedoch hörte, dass ich mit lauter Stimme gerufen, ließ er sein Kleid neben mir, floh und ging hinaus.

¹⁶·Sie legte sein Kleid neben sich bis sein Herr nach Hause kam,

¹⁷·und sprach zu ihm ebenso: Der ibrische Knecht, den du uns

ins Haus gebracht hast, ist zu mir gekommen, um Mutwillen mit mir zu treiben.

[18.] Und da ich nun meine Stimme erhob und rief, ließ er sein Kleid neben mir und floh hinaus.

[19.] Da sein Herr die Reden seiner Frau hörte, die zu ihm sprach: Solche Dinge hat dein Knecht mir gethan! da entbrannte sein Zorn,

[20.] und Josefs Herr nahm ihn und gab ihn in das Gefängnis, dorthin, wo die Gefangenen des Königs gefangen gehalten werden; dort war er im Gefängnis.

[21.] *Gott* war aber mit Josef und neigte ihm Wohlwollen zu, er ließ ihn Gunst in den Augen des Fürsten des Gefängnisses finden.

[22.] Der Fürst des Gefängnisses übergab in Josefs Hand alle die im Gefängnisse sich befindenden Gefangenen. Alles, was man dort that, hatte er zu thun.

[23.] Nicht um das Geringste, was ihm anvertraut war, kümmerte sich der Fürst des Gefängnisses, weil *Gott* mit ihm war, und, was er that, *Gott* gelingen ließ.

KAPITEL 40

Es war nach diesen Begebenheiten, hatte der Schenk des Königs von Mizrajim und der Bäcker sich gegen ihren Herrn, den König von Mizrajim, vergangen.
2. Da zürnte Pharao über seine beiden Hofbedienten, über den Fürsten der Schenke und über den Fürsten der Bäcker,
3. und er gab sie in den Gewahrsam des Hauses des Fürsten der Köche in das Gefängnishaus, eben dorthin, wo auch Josef gefangen war.
4. Der Fürst der Köche bestellte Josef bei ihnen; er hatte sie zu bedienen; so blieben sie einen Kreis von Tagen im Gewahrsam.
5. Da träumte ihnen beiden, jedem sein Traum in einer Nacht, jedem wie eine Deutung seines Traumes, dem Schenk und dem Bäcker, die des Königs von Mizrajim waren, die im Gefängnis gefangen waren.
6. Am Morgen kam Josef zu ihnen und sah sie, dass sie betrübt waren;
7. Da fragte er die Hofbedienten Pharaos, die bei ihm im

Gewahrsam des Hauses seines Herrn waren: Warum sind heute eure Gesichter trübe?

⁸·Sie sagten zu ihm: Einen Traum haben wir geträumt, und es ist kein Deuter für ihn da. Josef erwiderte ihnen: Sind doch Gottes die Deutungen, erzählet mir doch!

⁹·Da erzählte der Fürst der Schenke seinen Traum dem Josef und sprach zu ihm: In meinem Traume — siehe da ist ein Weinstock vor mir —

¹⁰·Und an dem Weinstock sind drei Ranken — und er, wie er nur aufbricht, da ist schon die Blüte aufgeblüt, da haben seine Trauben schon Beeren gereift.

¹¹·Und Pharaos Becher ist in meiner Hand — da nahm ich die Beeren und drückte sie in Pharaos Becher, und gab den Becher auf die Hand Pharaos.

¹²·Josef erwiderte ihm: Das ist seine Deutung: Die drei Ranken sind drei Tage,

¹³·in der Dauer von drei Tagen wird Pharao dich mitzählen und dich in dein Amt wieder einsetzen und du wirst dann Pharaos Becher in seine Hand geben, nach der früheren Weise, da du sein Schenk gewesen.

¹⁴·Denn wenn du mich, wenn es dir gut gehen wird, bei dir im Gedächtnis wirst behalten haben, so wirst du doch mit mir Wohlwollen üben, wirst mich Pharao gegenüber erwähnen, und wirst mich aus diesem Hause hinaus bringen.

¹⁵·Denn gestohlen ward ich aus dem Lande der Jbrim, und auch hier habe ich nicht das geringste gethan, dass man mich in den Kerker gebracht.

¹⁶·Als der Fürst der Bäcker sah, dass er gut gedeutet hatte, sprach er zu Josef: Auch ich war in meinem Traume, und siehe, drei Körbe von vornehmem Ansehen sind auf meinem Kopfe,

¹⁷·und im obersten Korbe von jeglicher Speise Pharaos,

Bäckerwerk; und der Vogel frißt sie mir aus dem Korbe, von meinem Kopfe weg!

[18.] Da antwortete Josef und sprach: Das ist seine Deutung: drei Körbe sind drei Tage.

[19.] In der Dauer von drei Tagen wird Pharao deinen Kopf dir ab— nehmen und dich an einen Baum aufknüpfen lassen, und der Vogel dein Fleisch von dir abessen,

[20.] Da war es, am dritten Tage, am Tage, da man einst Pharao geboren hatte, machte er ein Gastmahl allen seinen Dienern und zählte den Fürsten der Schenke und den Fürsten der Bäcker mit unter seinen Dienern.

[21.] Den Fürsten der Schenke setzte er wieder ein in sein Schenkamt, und er gab den Becher in Pharaos Hand.

[22.] den Fürsten der Bäcker aber ließ er henken, wie es ihnen Josef gedeutet hatte.

[23.] Es gedachte aber der Fürst der Schenke Josefs nicht und so vergaß er ihn.

MIKETZ

KAPITEL 41

Es war nach Beendigung zweier voller Jahre, da träumte Pharao, und siehe: er steht sinnend an dem Flusse. ²·Und siehe: aus dem Flusse steigen sieben Kühe, schön von Ansehen und gesund von Fleisch, und sie gingen weiden auf die Wiese.

³·Und siehe: sieben andere Kühe steigen nach ihnen aus dem Flusse, schlecht von Ansehen und dünn von Fleisch, und sie stellten sich neben die Kühe an dem Ufer des Flusses.

⁴·Da fraßen die von Ansehen schlechten und von Fleisch dünnen Kühe die sieben von Ansehen schönen und gesunden Kühe; da erwachte Pharao,

⁵·schlief jedoch wieder ein, und träumte zum zweitenmale: Siehe: sieben Ähren wachsen an einem Halm, gesund und gut;

⁶·und siehe: sieben Ähren, dünn, und vom Ostwind durchweht, wachsen nach ihnen;

⁷·da verschlangen die dünnen Ähren die sieben gesunden und vollen Ähren! Pharao erwachte und siehe, es war ein Traum.

⁸·Es war am Morgen, da ward sein Gemüt unruhig, er schickte daher und ließ alle Bilderschriftkundige Mizrajims und alle Weisen desselben rufen; Pharao erzählte ihnen seinen Traum; allein keiner deutete sie dem Pharao.

⁹·Da sprach der Fürst der Schenke mit Pharao also: Meine Vergehen bringe ich heute in Erinnerung.

¹⁰·Pharao hatte über seine Diener gezürnt und gab mich ins Gewahrsam des Hauses des Fürsten der Köche, mich und den Fürsten der Bäcker.

¹¹·Da träumten wir in einer Nacht, ich und er; wie eine Deutung seines Traumes träumten wir jeder.

¹²·Da war bei uns ein ibrischer Jüngling, ein Sklave des Fürsten der Köche, dem erzählten wir, und der deutete uns unsere Träume; ganz seinem Traume gemäß deutete er jedem.

¹³·Und wie er uns gedeutet hatte, so geschah es; mich hatte er wieder in mein Amt zurückbringen und ihn henken lassen.

¹⁴·Da schickte Pharao und ließ Josef rufen; sie hießen ihn aus dem Gefängnis eilen. Er aber schor sich, wechselte vollends seine Kleider und kam zu Pharao.

¹⁵·Da sprach Pharao zu Josef: Ich habe einen Traum gehabt und keiner deutet ihn; ich habe aber von dir sagen hören, du hörtest einen Traum, so dass du ihn deutest.

¹⁶·Josef erwiderte dem Pharao: Nicht bei mir! Gott möge, was zu Pharaos Heil gereicht, erwidern lassen!

¹⁷·Da sprach Pharao zu Josef: In meinem Traume — siehe, da stehe ich an dem Ufer des Flusses,

¹⁸·und siehe, aus dem Flusse steigen sieben Kühe, gesund von Fleisch und schön von Gestalt, sie gingen weiden auf die Wiese.

¹⁹·Und siehe, sieben andere Kühe steigen nach ihnen herauf, ärmlich und von überaus schlechter Gestalt und mager an

Fleisch, ich habe ihresgleichen an Häßlichkeit im ganzen Lande Mizrajim noch nicht gesehen.

20. Da fraßen die mageren und schlechten Kühe die sieben ersten gesunden Kühe.

21. Sie kamen in sie, allein es wurde nicht erkannt, dass sie in sie gekommen waren, ihr Ansehen war schlecht wie zuvor — da erwachte ich,

22. und sah in meinem Traum, und siehe: sieben Ähren steigen an einem Halme auf, voll und gut, —

23. und siehe, sieben Ähren, dürr, dünn, vom Ostwind durchweht, wachsen ihnen nach.

24. Da verschlangen die dünnen Ähren die sieben guten Ähren. Ich habe es den Bilderschriftkundigen mitgeteilt, aber keiner weiß mirs zu sagen.

25. Da sprach Josef zu Pharao: Pharaos Traum ist nur einer; das, was Gott gestaltet, hat er Pharao verkündet.

26. Die sieben guten Kühe sind sieben Jahre, und die sieben guten Halme sind sieben Jahre; es ist nur ein Traum.

27. Und die sieben mageren und schlechten Kühe, die nach ihnen heraufkommen, sind sieben Jahre und ebenso die sieben leeren, vom Ostwind durchwehten Ähren; kommen werden sieben Jahre des Hungers.

28. Es ist also, was ich Pharao gesagt: Was Gott gestaltet, hat er Pharao gezeigt.

29. Siehe, es kommen sieben Jahre großer Sättigung im ganzen Lande Mizrajim;

30. nach ihnen erstehen sieben Jahre des Hungers, so dass alle die Sättigung im ganzen Lande Mizrajim vergessen wird, und der Hunger das Land zu Grunde richtet.

31. Die Sättigung im Lande wird wegen jenes Hungers, der

darauf folgt, nicht mehr erkannt werden; denn er wird sehr schwer sein.

³²·Und in betreff dessen, dass der Traum Pharao zweimal wiederholt worden: weil die Sache bereit steht von Gott und Gott sie zu gestalten eilt.

³³·Und nun ersehe sich Pharao einen einsichtigen und weisen Mann und setze ihn über das Land Mizrasim.

³⁴·Pharao selbst aber thue es und bestelle Beamten über das Land, und belege das Land Mizrajim mit einem Fünftel in den sieben Jahren der Sättigung.

³⁵·Alle Nahrungsmittel dieser kommenden guten Jahre soll man an sich halten, soll auch unter Pharaos Hand Getreide als Nahrungsmittel in den Städten aufspeichern und bewahren.

³⁶·Es verbleiben somit die Nahrungsmittel zur Aufbewahrung für das Land, für die sieben Jahre des Hungers, die im Lande Mizrajim kommen, so wird das Land nicht durch den Hunger ganz zu Grunde gehen.

³⁷·Es gefiel dieses in Pharaos Augen und in den Augen aller seiner Diener,

³⁸·Und Pharao sprach zu seinen Dienern: Werden wir wohl diesem gleich einen Mann finden, in welchem der Geist Gottes ist?

³⁹·Zu Josef aber sprach Pharao: Nachdem Gott dich alles dieses hat wissen lassen, ist keiner so einsichtig und weise wie du.

⁴⁰·Du sollst über mein Haus gesetzt sein, und nach deinem Ausspruch soll mein ganzes Volk sich rüsten; nur um den Thron werde ich größer sein als du.

⁴¹·Pharao sprach ferner zu Josef: Siehe, ich habe dich über das ganze Land Mizrajim gesetzt.

⁴²·Pharao zog seinen Ring von seiner Hand und gab ihn an

Josefs Hand, kleidete ihn in Byssusgewänder und legte das goldene Medaillon an seinen Hals,

43. ließ ihn in dem Wagen des Zweiten nach ihm ausfahren und sie riefen vor ihm her: Ich befehle, dass man kniee! Und damit setzte er ihn über das ganze Land Mizrajim.

44. Pharao sprach darauf zu Josef: Ich bin Pharao; aber ohne dich soll im ganzen Lande Mizrajim niemand seine Hand und seinen Fuß heben.

45. Pharao nannte Josef Zofnath Paaneach und gab ihm Asnath, die Töchter Potiferas, des Priesters zu On, zur Frau; darauf ging Josef hinaus über das Land Mizrajim.

46. Josef war dreißig Jahre alt, als er vor Pharao, dem Könige von Mizrajim, stand; nun ging Josef von Pharao fort und bereiste das ganze Land Mizrajim.

47. Das Land erzeugte in den sieben Jahren der Sättigung zu händevoll.

48. Er hielt aber alle Nahrungsmittel der sieben Jahre, welche im Lande Mizrajim waren, zurück, und gab Nahrungsmittel in die Städte. Die Nahrungsmittel des eine Stadt umgebenden Feldes gab er in sie.

49. Josef häufte Getreide auf wie Sand am Meere in außerordentlicher Menge, bis dass man zu zählen aufhörte, denn es war keine Zahl.

50. Josef wurden aber zwei Söhne geboren, bevor ein Jahr der Hungersnot kam, die ihm Asnath, die Tochter Potiferas, des Priesters zu On, geboren hatte.

51. Josef nannte seinen Erstgebornen Menascheh: denn es hat Gott mir mein ganzes Unglück und mein ganzes väterliches Haus zu Gläubigern gemacht.

52. Und den Zweiten nannte er Efrajim: denn es hat mich Gott im Lande meines Elendes blühen lassen.

⁵³·Es gingen die sieben Jahre der Sättigung, welche im Lande Mizrajim war, zu Ende,

⁵⁴·und es begannen die sieben Jahre des Hungers zu kommen, wie es Josef gesagt hatte. Hungersnot war in allen Ländern, im ganzen Lande Mizrajim über war Brot vorhanden.

⁵⁵·Da nun das ganze Land Mizrajim hungerte und das Volk zu Pharao um das Brot aufschrie, sprach Pharao zu ganz Mizrajim: Gehet zu Josef; was er euch sagen wird, thuet.

⁵⁶·Es war aber die Hungersnot über den ganzen Erdstrich. Da öffnete Josef alle Räume, in welchen Vorrat war, und verkaufte im einzelnen den Mizrern; die Hungersnot nahm aber immer zu im Lande Mizrajim.

⁵⁷·Und von überall her kam man nach Mizrajim, im einzelnen zu kaufen, zu Josef; denn die Hungersnot war überall stark.

KAPITEL 42

Jaakob sah, dass Einzelverkauf in Mizrajim war, und es sprach Jaakob zu seinen Söhnen: Warum seht ihr euch einander an?

2. Er sprach nämlich: Seht, ich habe gehört, dass in Mizrajim ein Einzelverkauf stattfindet, gehet dorthin hinab und kauft einzeln uns von dort, damit wir leben bleiben und nicht umkommen.

3. So gingen der Brüder Josefs Zehne hinab, im einzelnen Korn von Mizrajim zu kaufen.

4. Binjamin aber, Josefs Bruder, schickte Jaakob nicht mit den Brüdern; denn er sagte: es könne ihn ein Unglück treffen.

5. So kamen die Söhne Jisraels, den Einzelkauf zu besorgen mitten unter den Kommenden; denn es war die Hungersnot im Lande Kenaan.

6. Und Josef war der Gebieter über das Land, und er war zugleich derjenige, der den Verkauf im einzelnen an die ganze

Bevölkerung des Landes besorgte. Die Brüder Josefs kamen und beugten sich ihm mit dem Angesichte zur Erde.

7. Wie Josef seine Brüder sah, erkannte er sie. Er stellte sich ihnen aber fremd und sprach mit ihnen in harter Weise und sagte zu ihnen: Wo kommt ihr her? Sie sagten: Vom Lande Kenaan, Nahrung im einzelnen einzukaufen.

8. Josef erkannte seine Brüder, sie aber erkannten ihn nicht.

9. Da gedachte Josef der Träume, die er von ihnen geträumt, und sprach zu ihnen: Kundschafter seid ihr! Die Blöße des Landes zu sehen seid ihr gekommen.

10. Sie sagten zu ihm: Nicht, mein Herr, deine Diener sind gekommen, Nahrung im einzelnen einzukaufen.

11. Und alle, Söhne eines Mannes sind wir; rechtliche Menschen sind wir; deine Diener waren nie Kundschafter.

12. Er aber sprach zu ihnen: Nein! Die Blöße des Landes seid ihr zu sehen gekommen.

13. Sie erwiderten: Zwölf sind wir, deine Diener, Brüder, Söhne eines Mannes im Lande Kenaan. Siehe, der jüngste ist heute noch bei unserm Vater, und der eine ist nicht mehr da.

14. Josef aber sagte zu ihnen: Das ist es gerade, was ich euch gesagt habe; ihr seid Kundschafter.

15. Dadurch sollt ihr erprobt werden: bei Pharaos Leben! Ihr kommet nicht fort von hier, wenn nicht euer jüngerer Bruder hierher kommt.

16. Schicket einen von euch, dass er euren Bruder hole, und ihr bleibet gefangen, damit eure Worte erprobt werden, ob Wahrheit bei euch ist. Wenn aber nicht, bei Pharaos Leben, so seid ihr Kundschafter!

17. Er nahm sie drei Tage in Gewahrsam.

18. Am dritten Tage sprach Josef zu ihnen: Tuet dies und bleibt am Leben! Ich bin gottesfürchtig!

¹⁹·Seid ihr rechtliche Männer, bleibe ein Bruder von euch gefangen im Hause eures Gewahrsams, ihr aber gehet, bringet den Einkauf für den Hunger eurer Häuser heim,

²⁰·und euren jüngeren Bruder bringet zu mir, damit eure Worte sich bewahrheiten und ihr nicht sterbet; sie thaten also.

²¹·Da sprachen sie einer zum andern: Wir tragen also doch eine Schuld um unsern Bruder, dass wir die Not seiner Seele mit angesehen, als er zu uns flehte und wir kein Gehör gaben! Darum ist uns diese Not gekommen!

²²·Reuben entgegnete ihnen: Habe ich euch nicht gesagt: versündigt euch nicht an dem Kinde, ihr wolltet aber nicht hören. Seht, darum wird auch sein Blut jetzt geahndet!

²³·Sie wußten aber nicht, dass Josef sie verstand, denn der Dolmetscher war zwischen ihnen.

²⁴·Er wendete sich von ihnen und weinte. Er kehrte dann wieder zu ihnen zurück, sprach mit ihnen, nahm von ihnen den Schimeon und ließ ihn vor ihren Augen fesseln.

²⁵·Josef befahl es, da füllte man ihre Geräte mit Getreide; aber auch ihr Geld, jedem in seinen Sack zurückzulegen und ihnen auch Vorrat für die Reise zu geben; man that ihnen also.

²⁶·Sie nahmen ihren Einkauf auf ihre Esel und gingen von dannen.

²⁷·Da öffnete einer seinen Sack, um seinem Esel Futter in der Her berge zu geben, da sah er sein Geld und siehe, es war obenauf in seinem Gepäcksack.

²⁸·Er sagte zu seinen Brüdern: Mein Geld ist wieder zurückgegeben, und es liegt sogar in meinem Gepäcksack. Da entging ihnen ihr Herz, und sie sagten erschrocken einer zum andern: Was hat uns Gott da gethan!

²⁹·Sie kamen zu ihrem Vater Jaakob zum Lande Kenaan und erzählten ihm alles, was sie betroffen, nämlich:

³⁰·Der Mann, der Herr des Landes, hat hart mit uns gesprochen, hat uns dahingestellt, als kundschafteten wir das Land aus.

³¹·Wir sagten ihm: wir sind rechtliche Leute, wir waren nie Kundschafter.

³²·Zwölf Brüder sind wir, Söhne unseres Vaters; der eine ist nicht da, und der jüngste ist heute noch bei unserem Vater im Lande Kenaan.

³³·Der Mann, der Herr des Landes, sagte uns darauf: Daran will ich erkennen, dass ihr rechtliche Leute seid, euren einen Bruder lasset bei mir, und das, wonach es eure Häuser hungert, nehmet und gehet,

³⁴·und bringet euren jüngern Bruder zu mir, so will ich wissen, dass ihr keine Kundschafter, dass ihr rechtliche Leute seid; euren Bruder werde ich euch dann geben, und das Land möget ihr bereisen.

³⁵·Da war es, sie leeren ihre Säcke aus, und siehe, da hatte jeder sein Geldbündel in seinem Sacke! Sie und ihr Vater sahen die Geldbündel und fürchteten sich.

³⁶·Ihr Vater Jaakob sprach aber zu ihnen: Mich habt ihr kinderlos gemacht! Josef ist nicht da, Schimeon ist nicht da, und Binjamin wollt ihr fortnehmen — über mich ist doch alles dieses ergangen!

³⁷·Da sprach Reuben zu seinem Vater: Meine beiden Söhne sollst du töten, wenn ich ihn dir nicht heimbringe. Gieb ihn mir in Händen, ich bringe ihn dir wieder.

³⁸·Er aber sprach: Mein Sohn wird nicht mit euch hinabgehen; denn sein Bruder ist tot, er allein ist übrig, würde ihn ein Unglück auf dem Wege treffen, den ihr gehet, so würdet ihr mein greises Haupt in Kummer ins Grab bringen.

KAPITEL 43

Der Hunger war aber schwer im Lande.
²·Da sie nun den Einkauf, den sie von Mizrajim gebracht, aufgezehrt hatten, sagte ihr Vater zu ihnen: Kehret doch wieder hin, kaufet uns etwas Nahrung.
³·Jehuda aber antwortete ihm: Der Mann hat uns wiederholt gewarnt, ihr sollt mein Angesicht nicht wieder sehen, wenn euer Bruder nicht mit euch ist.
⁴·Schickst du unsern Bruder mit uns, so gehen wir gerne hinab und kaufen dir Nahrung.
⁵·Schickst du aber ihn nicht mit, so lönnen wir nicht hinabgehen; denn der Mann hat uns gesagt: ihr werdet mein Angesicht nicht wieder sehen, wenn euer Bruder nicht mit euch ist.
⁶·Da sagte Jisrael: Warum habt ihr mir denn das Leid zugefügt? Dem Manne zu sagen, dass ihr noch einen Bruder habet!
⁷·Sie erwiderten: Der Mann hat wiederholt nach uns und unserer Herkunft gefragt: Lebt euer Vater noch? Habt ihr noch einen Bruder? Da berichteten wir ihm, diesen Fragen entspre-

chend. Konnten wir denn wissen, er werde sagen: bringet euren Bruder herab!

⁸·Da sprach Jehuda zu Jisrael, seinem Vater: Schicke nur den Knaben mit mir, so wollen wir uns aufmachen und gehen, damit wir am Leben bleiben und nicht umkommen, sowohl wir als du und unsere Kinder.

⁹·Ich will ihn dir verbürgen, von meiner Hand sollst du ihn fordern. Wenn ich ihn dir nicht heimbringe und ihn vor dich hinstelle, so will ich dir gesündigt haben alle Tage.

¹⁰·Denn hätten wir uns nur nicht zögernd aufgehalten! Denn wir wären jetzt schon zweimal zurückgekehrt!

¹¹·Da sprach Jisrael, ihr Vater, zu ihnen: Wenn dem so ist, was bleibt übrig! Tuet dies, nehmet von dem, dessen das Land sich rühmt, in euren Geräten und bringet dem Manne ein Geschenk: ein wenig Balsam, ein wenig Honig, Gewürze und Lotus, Pistazien und Mandeln.

¹²·Und doppeltes Geld nehmt in eure Hand, und das Geld, das obenauf in eure Beutel zurückgegeben worden, gebet mit euren Händen wieder zurück; vielleicht ist es ein Versehen.

¹³·Und euren Bruder nehmet! Machet euch auf und kehret zu dem Manne zurück!

¹⁴·Und Gott, der Allgenügende, gebe euch Erbarmen vor dem Manne, dass er euren anderen Bruder und Binjamin wieder fortlasse! Und ich — wenn ich denn der Kinder beraubt bin, so bin ich der Kinder beraubt.

¹⁵·Die Männer nahmen dieses Geschenk, auch doppeltes Geld nahmen sie mit und Binjamin. Sie brachen auf, zogen nach Mizrajim hinab und standen vor Josef.

¹⁶·Josef sah Binjamin bei ihnen und prach zu dem über sein Haus Gesetzten: Bringe diese Männer ins Haus, lasse schlachten und zurichten; denn die Männer sollen mit mir zu Mittag speisen.

17. Der Mann tat also, wie Josef gesagt hatte, und es brachte der Mann die Männer in Josefs Haus.

18. Die Männer fürchteten sich, da sie in Josefs Haus gebracht wurden, und sagten: Wegen des anfangs in unsere Gepäckbeutel zurückgelegten Geldes werden wir jetzt dahin gebracht, sich auf uns zu wälzen, über uns herzufallen und uns zu Sklaven und unsere Lasttiere zu nehmen.

19. Da traten sie zu dem Manne, der über Josefs Haus gesetzt war, hin und sprachen mit ihm am Eingange des Hauses.

20. Sie sagten: O, mein Herr! Wir waren schon einmal herabgekommen, Nahrung einzukaufen,

21. und da war es, als wir zur Herberge gekommen waren, da öffneten wir unsere Gepäckbeutel und siehe, da lag das Geld eines jeden obenauf in seinem Gepäckbeutel, es war unser eigenes Geld in seinem Gewichte; wir haben es wieder mit hergebracht,

22. und anderes Geld haben wir mit herabgebracht, Nahrung einzukaufen; wir wissen nicht, wer unser Geld in unsere Gepäckbeutel gelegt.

23. Er erwiderte: Friede mit euch, fürchtet nichts! Euer Gott und der Gott eures Vaters hat euch einen verborgenen Schatz in eure Gepäckbeutel gegeben, euer Geld ist mir zugekommen; er führte auch Schimeon zu ihnen heraus.

24. Darauf brachte der Mann die Männer in Josefs Haus, ließ Wasser reichen, sie wuschen ihre Füße, und er ließ auch ihren Eseln Futter geben.

25. Sie bereiteten das Geschenk vor, bis Josef zu Mittag heimkommen würde; denn sie hatten gehört, sie sollten dort speisen.

26. Als Josef nach Hause kam, brachten sie ihm das Geschenk, das sie mitgebracht hatten, ins Haus und bückten sich vor ihm zur Erde.

²⁷·Er fragte sie nach ihrem Wohlergehen und sagte: Ist euer alter Vater, von dem ihr gesprochen habet, wohl? Lebt er noch?

²⁸·Sie antworteten: Deinem Diener, unserem Vater, ist wohl, er lebt noch, und neigten ihr Haupt und bückten sich.

²⁹·Er hob seine Augen auf und sah Binjamin, seinen Bruder, den Sohn seiner Mutter, und sprach: Ist dies euer jüngerer Bruder, von dem ihr mir gesagt? Er sprach: Gott schenke dir seine Gnade, mein Sohn!

³⁰·Es eilte aber Josef, — denn seine Gefühle waren zu seinem Bruder hin rege geworden, und er wollte weinen, — und er ging hinein in das Gemach und weinte dort.

³¹·Er wusch sein Angesicht, ging wieder hinaus, hielt an sich und sprach: Tragt das Essen auf!

³²·Man setzte ihm allein vor und ihnen allein und auch den Mizrim, welche mit ihm speisten, allein; denn — es konnten die Mizrim nicht mit den Jbrim speisen, denn es war den Mizrim ein Gräuel.

³³·Sie saßen vor ihm, der Älteste nach seinem Alter, und der Jüngere nach seiner Jugend; da staunten die Männer einer den andern an.

³⁴·Er ließ nun von sich aus Teile ihnen zutragen, da war Binjamins Teil fünfmal größer als ihrer aller Teile; sie tranken und berauschten sich bei ihm.

KAPITEL 44.

¹Darauf befahl er dem über sein Haus Gesetzten: Fülle die Gepäckbeutel der Männer mit Nahrung, so viel sie nur tragen können, und lege das Geld eines jeden obenan in seinen Beutel;

²·meinen Becher aber, den silbernen Becher, legst du obenan in den Gepäckbeutel des jüngsten und auch sein EinLaufsgeld. Er that nach dem Befehle Josefs, den dieser ausgesprochen hatte.

³·Der Morgen leuchtete und die Männer, sie und ihre Esel, waren bereits entlassen.

⁴·Sie waren eben zur Stadt hinaus, noch nicht fern, da hatte bereits Josef zu dem über sein Haus Gesetzten gesprochen: Auf, eile den Leuten nach, und erreichst du sie, so sage ihnen: Warum habt ihr Böses für Gutes vergolten?

⁵·Ists nicht gerade der, aus welchem mein Herr zu trinken pflegt, und er, er hat einen Ahnungsglauben an ihn! Ihr habt schlecht gehandelt in dem, was ihr gethan!

⁶·Er erreichte sie und sprach diese Worte zu ihnen.

⁷·Sie erwiderten ihm: Warum spricht mein Herr solche Worte! Entweihung wäre es deinen Dienern, solches zu tun;

⁸·siehe, Geld, das wir obenauf in unsern Gepäckbeuteln gefunden haben, haben wir dir vom Lande Kenaan her wiedergebracht, wie sollten wir aus dem Hause deines Herrn Silber oder Gold stehlen!

⁹·Bei wem von deinen Dienern es gefunden wird, der soll sterben! Und auch wir, wir wollen meinem Herrn Sklaven bleiben.

¹⁰·Er erwiderte: Auch jetzt noch ist es so, wie ihr sagt. Der, bei welchem es gefunden wird, wird mir Sklave bleiben; ihr aber bleibet frei.

¹¹·Schnell brachte jeder seinen Gepäckbeutel zur Erde, und jeder öffnete seinen Gepäckbeutel.

¹²·Er suchte. Bei dem Ältesten fing er an, und bei dem Jüngsten hörte er auf; da wurde der Becher in Binjamins Gepäckbeutel gefunden.

¹³·Sie zerrissen ihre Gewänder; jeder lud seinem Esel wieder auf, und sie kehrten zur Stadt zurück.

¹⁴·Jehuda und seine Brüder kamen in Josefs Haus, er war noch dort, und sie warfen sich vor ihm zur Erde.

¹⁵·Da sprach Josef zu ihnen. Was ist das für eine Tat, die ihr geübt! Wusstet ihr denn nicht, dass ein Mann wie ich Ahnungsglauben hat?

¹⁶·Jehuda erwiderte: Was sollen wir meinem Herrn sagen, was sprechen, womit uns rechtfertigen! Gott hat die Sünde deiner Diener heimgesucht; hier sind wir zu Sklaven meinem Herrn, wir sowohl als der, in dessen Hand der Becher gefunden worden.

¹⁷·Er aber sprach: Entweihung wäre mir, dieses zu tun; der Mann, in dessen Hand der Becher gefunden worden, der soll mir Sklave bleiben, ihr aber geht zum Frieden zu eurem Vater.

WAJIGASCH

KAPITEL 44.2

Da trat Jehuda zu ihm hin und sprach: O, mein Herr, lasse deinen Diener doch ein Wort in die Ohren meines Herrn sprechen, und deinen Zorn nicht du bist dem Pharao gleich.

[19.]Mein Herr hat seine Diener gefragt: Habt ihr einen Vater oder einen Bruder?

[20.]Wir sagten meinem Herrn: Wir haben einen alten Vater und ein junges Kind des Alters; sein Bruder ist tot, er ist allein von seiner Mutter übrig geblieben, und sein Vater liebt ihn.

[21.]Du sagtest darauf deinen Dienern: Bringet ihn zu mir herab, ich will mein Auge auf ihn richten.

[22.]Wir aber sagten meinem Herrn: Der Knabe kann seinen Vater nicht verlassen; verließe er seinen Vater, so stürbe er.

[23.]Du erwidertest deinen Dienern: Wenn euer jüngster Bruder nicht mit euch herabkommt, so werdet ihr mein Angesicht nicht wieder zu sehen bekommen.

²⁴·Da wir nun zu deinem Diener, meinem Vater, hinaufkamen und ihm die Worte meines Herrn berichteten,

²⁵·und unser Vater sagte: Gehet wieder hin und kaufet uns etwas Nahrung,

²⁶·da sagten wir: Wir können nicht hinabgehen. Ist unser jüngster Bruder mit uns, so gehen wir hinab, denn wir können des Mannes Angesicht nicht zu sehen bekommen, wenn unser jüngster Bruder nicht mit uns ist.

²⁷·Dein Diener, unser Vater, sagte darauf zu uns: Ihr wisset, dass meine Frau mir zwei Kinder geboren,

²⁸·davon ist der eine von mir fortgegangen, ich dachte, er kann nur zerrissen worden sein, ich habe ihn bis jetzt nicht wieder gesehen;

²⁹·nehmet ihr nun auch diesen von mir weg und es trifft ihn ein Unglück, so bringet ihr mein greises Haupt in Unglück zu Grabe.

³⁰·Und nun — komme ich nun heim zu deinem Diener, meinem Vater, und der Knabe ist nicht mit uns, und des einen Seele ist an des andern Seele geknüpft:

³¹·so wird es sein, wie er nur sieht, dass der Knabe nicht da ist, so stirbt er, und es werden dann deine Diener das greise Haupt deines Dieners, unseres Vaters, in Kummer zu Grabe bringen.

³²·Denn dein Diener hat den Knaben nur auf seine Bürgschaft von meinem Vater erhalten und gesprochen: Wenn ich ihn dir nicht heimbringe, so will ich gegen meinen Vater alle Tage gesündigt haben.

³³·Und nun, lasse doch deinen Diener an des Knaben Stelle zum Sklaven meinem Herrn verbleiben, und den Knaben mit seinen Brüdern hinaufziehen!

³⁴·Denn wie soll ich zu meinem Vater hinaufkommen und der Knabe ist nicht mit mir! Könnte ich etwa das Unglück mit ansehen, das meinen Vater träfe?!

KAPITEL 45

Nicht länger lonnte Josef aller der um ihn Stehenden halber an sich halten. Er rief: Lasset jedermann von mir weg und hinausgehen! und es blieb keiner bei ihm, als Josef sich seinen Brüdern zu erkennen gab.
²·Er ließ seiner Stimme freien Lauf im Weinen; Mizrajim hörte es, und es hörte es das Haus Pharaos
³·Josef sprach zu seinen Brüdern: Ich bin Josef, lebt mein Vater noch? Die Brüder konnten ihm nicht antworten, denn sie waren bestürzt vor ihm.
⁴·Da sprach Josef zu seinen Brüdern: Tretet doch zu mir her! Sie traten hin. Da sprach er: Ich bin euer Bruder Josef, den ihr nach Mizrajim hin verkauft habet.
⁵·Und nun, betrübt euch nicht, und lasset es in euren Augen nichts Bekümmerndes sein, dass ihr mich hierher verkauft habet; denn zur Lebenserhaltung hat Gott mich vor euch geschickt.
⁶·Denn jetzt schon ist die Hungersnot zwei Jahre auf Erden,

und noch fünf Jahre werden kommen, wo kein Pflügen und Ernten sein wird.

7. Da hat mich denn Gott vor euch her gesendet, euch eine Erhaltung im Lande zu gründen, es für euch zu eurer großen Rettung zu erhalten.

8. Und nun, nicht ihr habt mich hierher gesendet, sondern Gott! Und hat mich Pharao zum Vater, zum Herrn seinem ganzen Hause gemacht und zum Herrscher im ganzen Lande Mizrajim.

9. Eilet, gehet hinauf zu meinem Vater und sagt ihm: So hat dein Sohn Josef gesprochen: Mich hat Gott zum Herrn für ganz Mizrajim gemacht, komme doch herab zu mir, zögere nicht!

10. Du wirst im Lande Goschen wohnen und mir nahe sein, du, deine Kinder und die Kinder deiner Kinder, deine Schafe und deine Rinder und alles Deinige.

11. Ich will dich dort ganz versorgen, denn noch kommen fünf Jahre Hungersnot, du könntest sonst und dein Haus und alles Deinige verarmen.

12. Eure Augen sehen es ja und die Augen meines Bruders Binjamin, dass mein Mund es ist, der mit euch spricht.

13. Erzählet meinem Vater alle meine Ehre in Mizrajim, und alles, was ihr gesehen habet; eilet und bringet meinen Vater hierher!

14. Er fiel seinem Bruder Binjamin um den Hals und weinte, und Binjamin weinte an seinem Halse.

15. Er küsste alle seine Brüder und weinte in ihrer Umarmung; nachher sprachen auch seine Brüder mit ihm.

16. Die Nachricht war aber in Pharaos Haus gedrungen: Josefs Brüder sind gekommen! und es gefiel dies Pharao und seinen Dienern.

17. Pharao sprach zu Josef: Sage deinen Brüdern, tuet dies: Beladet eure Tiere und gehet, kommet zum Lande Kenaan.

¹⁸·Nehmet euren Vater und eure Familien und kommt zu mir! Ich gebe euch gerne das Beste des Landes Mizrajim, und genießet das Fett des Landes!

¹⁹·Du aber hast den Befehl: Dieses tuet! Nehmet euch vom Lande Mizrajim Wagen für eure Kinder und für eure Frauen, und nehmet euren Vater auf und kommet.

²⁰·Und möge euer Auge kein Bedenken tragen über eure Geräte; denn das Beste des ganzen Landes Mizrajim ist euer.

²¹·Jisraels Söhne taten also. Josef gab ihnen Wagen auf Befehl Pharaos, und er gab ihnen Vorrat für die Reise.

²²·Allen gab er, jeglichem Anzüge von Kleidern, und dem Binjamin gab er dreihundert Silberstücke und fünf Kleideranzüge.

²³·Seinem Vater aber schickte er wie folgt: Zehn Esel, tragend von dem Besten Mizrajims, und zehn Eselinnen, Getreide und Brot und Speise für seinen Vater zur Reise tragend.

²⁴·Er entließ seine Brüder und sie gingen. Er sagte ihnen noch: Seid ohne Sorge auf dem Wege!

²⁵·Sie gingen hinauf von Mizrajim und kamen in das Land Kenaan zu ihrem Vater Jaakob.

²⁶·Sie erzählten ihm, Josef lebe noch, und dass er Herrscher über das ganze Land Mizrajim sei, da stand sein Herz stille, denn er glaubte ihnen nicht.

²⁷·Als sie ihm aber alle Worte, die Josef zu ihnen gesprochen, wiederholten, und er die Wagen, die Josef geschickt hatte, um ihn aufzunehmen, sah, da lebte der Geist ihres Vaters Jaakob auf.

²⁸·Und Jisrael sprach: Es ist zuviel! Josef, mein Sohn, lebt noch! Ich gehe hin und will ihn sehen, bevor ich sterbe!

KAPITEL 46

Da brach Jisrael auf und alles Seine; er kam nach Beer Scheba und opferte Mahlopfer dem Gotte seines Vaters Jizchak.
²·Da sprach Gott zu Jisrael in Gesichtern der Nacht, und sagte:*Jaakob*, Jaakob! Er sprach: Hier bin ich!
³·Er sprach: Ich bin der Gott der Gott deines Vaters, fürchte dich nicht, nach Mizrajim hinabzugehen; denn zu einem großen Volke werde ich dich dort machen.
⁴·Ich werde mit dir nach Mizrajim hinabziehen, und Ich werde dich auch wieder heraufbringen, und Josef wird seine Hand auf deine Augen legen.
⁵·Da erhob sich Jaakob von Beer Scheba, und *Jisraels* Söhne führten ihren Vater *Jaakob*, ihre Kinder und ihre Frauen in den Wagen, die Pharao geschickt hatte, ihn aufzunehmen.
⁶·Sie nahmen ihre Herden, und ihre bewegliche Habe, die sie im Lande Kenaan erworben hatten, und kamen nach Mizrajim; Jaakob und alle seine Nachkommen mit ihm,

⁷·seine Söhne und die Kinder seiner Söhne mit ihm, seine Töchter und die Töchter seiner Söhne und alle seine Nachkommen brachte er mit sich nach Mizrajim.

⁸·Dies sind die Namen der Söhne Jisraels, welche nach Mizrajim kamen, Jaakob und seine Söhne. Jaakobs Erstgeborner: Reuben.

⁹·Reubens Söhne: Chanoch, Pallu Chezron und Karmi.

¹⁰·Schimeons Söhne: Jemuel, Jamin, Ohad, Jachin, Zochar und Schaul, Sohn der Kenaaniterin.

¹¹·Lewis Söhne: Gerschon, Kehath und Merari.

¹²·Jehudas Söhne: Er, Onan, Schela, Perez und Serach. Er und Onan starben im Lande Kenaan. Perez Söhne waren Chezron und Chamul.

¹³·Jisachars Söhne: Tola, Puwa, Job und Schimron.

¹⁴·Sebuluns Söhne: Sered, Elon und Jachleel.

¹⁵·Dies die Söhne Leas, welche sie dem Jaakob in Padan Aram geboren hatte, und seine Tochter Dina. Alle Seelen seiner Söhne und seiner Töchter: dreiunddreißig.

¹⁶·Gads Söhne: Zifjon, Chagi, Schuni und Ezbon, Eri, Arodi und Areli.

¹⁷·Aschers Söhne: Jimna, Jischwa, Jischwi, Beria und ihre Schwester Serach. Berias Söhne: Cheber und Malkiel.

¹⁸·Es waren dies die Söhne Silpas, welche Laban seiner Tochter Lea gegeben hatte; sie gebar diese dem Jaakob: sechzehn Seelen.

¹⁹·Rachels Söhne, der Frau Jaakobs: Josef und Binjamin.

²⁰·Dem Josef wurden im Lande Mizrajim geboren, die ihm Asnath, die Tochter des Priesters zu On, Potifera, geboren hatte: Menasche und Efrajim.

²¹·Binjamins Söhne: Bela, Becher und Aschbel, Gera, Naaman, Echi und Rosch, Muppim, Chuppim und Ard.

²²·Dies die Söhne Rachels, die dem Jaakob geboren worden; alle Seelen: vierzehn.

²³·Und Dans Söhne: Chuschim.

²⁴·Naftalis Söhne: Jachzeel, Guni, Jezer und Schilem.

²⁵·Es sind dies die Söhne Bilhas, welche Laban seiner Tochter Rachel gegeben, sie gebar diese dem Jaakob; alle Seelen: sieben.

²⁶·Alle Seelen, die dem Jaakob nach Mizrajim kamen, die von ihm stammenden, außer den Frauen der Söhne Jaakobs, alle Seelen: sechsundsechzig.

²⁷·Und Josefs Söhne, die ihm in Mizrajim geboren worden: zwei Seelen; alle dem Hause Jaakobs gehörige Seelen, die nach Mizrajim gekommen waren: siebzig.

²⁸·Jehuda aber sendete er sich voran zum Josef, damit dieser ihn, bevor er ankam, nach Goschen anweise; so kamen sie zum Lande Goschen.

²⁹·Josef spannte seinen Wagen an, und fuhr hinauf seinem Vater Jisrael nach Goschen entgegen. Als dieser sich ihm zeigte, warf er sich an seinen Hals und weinte an seinem Halse noch,

³⁰·da Jisrael zu Josef sprach: Jetzt möchte ich sterben! Nachdem ich dein Angesicht gesehen, dass du noch lebst!

³¹·Josef sprach zu seinen Brüdern und zu dem Hause seines Vaters: Ich will hinaufgehen und möchte Pharao berichten und möchte ihm sagen: meine Brüder und meines Vaters Haus, die im Lande Kenaan waren, sind zu mir gekommen.

³²·Die Männer sind Schafhirten, denn sie waren Herdenzüchter, ihre Schafe und ihre Rinder und alles ihrige haben sie mitgebracht.

³³·Wird euch dann Pharao rufen lassen und spricht: Was ist euer Tun?

³⁴·so saget auch: Herdenzüchter waren deine Diener von unserer Jugend bis jetzt, wir sowohl als unsere Väter; damit ihr

im Lande Goschen wohnen bleibet: denn Mizrajims Abscheu ist jeder Schafhirte.

KAPITEL 47.1

Josef kam und berichtete Pharao: Mein Vater und meine Brüder, ihre Schafe und ihre Rinder und alles ihre sind vom Lande Kenaan gekommen, jetzt sind sie im Lande Goschen.

2. Und als einen Teil seiner Brüder nahm er von ihnen fünf Männer und stellte sie vor Pharao.

3. Pharao sprach zu seinen Brüdern: Was ist euer Tun? Da sagten sie zu Pharao: Schafhirten sind deine Diener, wir sowohl als unsere Väter.

4. Sie sagten ferner zu Pharao: Uns im Lande aufzuhalten sind wir gekommen, denn für die Schafe deiner Diener ist keine Weide mehr, denn der Hunger ist schwer im Lande Kenaan; und nun, lasse doch deine Diener im Lande Goschen wohnen.

5. Pharao sprach darauf zu Josef: Dein Vater und deine Brüder sind zu

6. das Land Mizrajim ist vor dir offen, im besten des Landes weise deinem Vater und deinen Brüdern ihren Wohnsitz an,

mögen sie im Lande Goschen wohnen, und wenn du weißt und unter ihnen tüchtige Männer sind, so setze sie zu Oberbeamten der Herden, die ich habe.

7. Josef brachte seinen Vater Jaakob und stellte ihn Pharao vor; Jaakob segnete Pharao.

8. Da sprach Pharao zu Jaakob: Wie viele sind die Tage der Jahre deines Lebens?

9. Jaakob erwiderte Pharao: Die Tage der Jahre meiner Wanderungen sind hundertunddreißig Jahre; wenig und unglücklich waren die Tage der Jahre meines Lebens und haben nicht die Tage der Jahre des Lebens meiner Väter in den Tagen ihrer Wanderungen erreicht.

10. Jaakob segnete sodann Pharao und ging von Pharao fort.

11. Josef wies seinem Vater und seinen Brüdern einen Wohnsitz an und gab ihnen Besitz im Lande Mizrajim in dem besten des Landes, im Lande Ramses, wie es Pharao befohlen.

12. Josef versorgte seinen Vater und seine Brüder und das ganze Haus seines Vaters mit Nahrung nach Bedürfnis der Kinder.

13. Im ganzen Lande war aber keine Nahrung, denn der Hunger war sehr schwer. Das ganze Land Mizrajim und auch das Land Kenaan verging vor dem Hunger.

14. Alles im Lande Mizrajim und im Lande Kenaan vorhandene Geld sammelte Josef für den Einkauf, den sie machten; das Geld aber brachte Josef in Pharaos Haus.

15. Als das Geld vom Lande Mizrajim und vom Lande Kenaan geschwunden war, kam ganz Mizrajim zu Josef und sprach: Gieb uns Brot, warum sollen wir vor deinen Augen sterben? Denn Geld ist nicht mehr da.

16. Josef erwiderte: Bringet eure Herden, so gebe ich euch für eure Herden, wenn kein Geld mehr da ist.

¹⁷·Sie brachten Josef ihre Herden, und Josef gab ihnen Brot für die Pferde und für die Habe an Schafen, an Rindern und für die Esel. Er führte sie für alle ihre Herden mit Brot durch dieses Jahr hin.

¹⁸·Auch dieses Jahr ging zu Ende, da kamen sie zu ihm im folgenden Jahre und sagten: Wir können es meinem Herrn nicht vorenthalten, dass, wenn das Geld und der Besitz an Vieh meinem Herrn verfallen ist, meinem Herrn nichts mehr vorliegt, als unser Leib und unser Boden.

¹⁹·Warum sollen wir und unser Boden vor deinen Augen zu Grunde gehen? Erwirb uns und unsern Boden für das Brot, so werden wir und unser Boden Pharao zu Knechten werden, und gib dann Saat, damit wir leben und nicht sterben und der Boden nicht wüste wird.

²⁰·Da kaufte Josef den ganzen Boden Mizrajims für Pharao; denn die Mizrer verkauften jeder sein Feld, weil der Hunger ihnen zu stark geworden war; so ward das Land Pharaos Eigentum.

²¹·Das Volk aber versetzte er städteweis von einem Ende des Gebietes Mizrajims zu dem anderen Ende.

²²·Nur den Boden der Priester kaufte er nicht; denn die Priester hatten ein Festgesetztes von Pharao, sie aßen das ihnen Bestimmte, welches ihnen Pharao gab; darum verkauften sie ihr Land nicht.

²³·Josef sprach zum Volke: Seht, ich habe euch und euer Land heute dem Pharao erworben. Hier habt ihr Saat, damit besäet den Boden,

²⁴·und wenn es zu den Erträgnissen kommt, so gebt ihr ein Fünftel dem Pharao und die vier übrigen Teile verbleiben euch zur Feldsaat, zu eurer Nahrung und für die Glieder eurer Häuser und zur Nahrung für eure Kinder.

²⁵·Sie sagten: Du hast uns am Leben erhalten! Mögen wir nur Gunst in meines Herrn Augen finden, wir wollen gerne Pharao zu Knechten werden.

²⁶·Josef machte es zum Gesetz bis auf diesen Tag für das Land Mizrajim: es gehört dem Pharao in Beziehung auf das Fünftel. Nur der Boden der Priester allein ward nicht Pharaos Eigentum.

²⁷·So siedelte sich Jisrael im Lande Mizrajim, im Lande Goschen an. Sie ließen sich dort nieder, wurden fruchtbar und vermehrten sich sehr.

WAJECHI

KAPITEL 47.2

Siebzehn Jahre lebte Jaakob im Lande Mizrajim, und es waren die Tage Jakobs, die Jahre seines Lebens: hundertsiebenundvierzig Jahre.

29. Jisraels Tage näherten sich zum Sterben, da ließ er seinen Sohn Josef rufen und sprach zu ihm: Wenn ich denn doch Gunst in deinen Augen gefunden habe, so lege doch deine Hand unter meine Hüfte, und übe an mir Liebe und Wahrheit: begrabe mich doch nicht in Mizrajim!

30. Ich werde mich zu meinen Vätern legen, dann trage mich hinauf von Mizrajim und begrabe mich in ihr Begräbnis. Er sprach: Ich werde nach deinem Worte tun.

31. Da sprach er: Schwöre mir. Da schwur er ihm, und Jisrael bückte sich zum Kopfende des Bettes hin.

KAPITEL 48

Es war nach diesen Ereignissen, da ließ er Josef sagen: Siehe, dein Vater ist krank. Er nahm darauf seine beiden Söhne mit sich, Menasche und Efrajim.
²·Er ließ es Jaakob erzählen und dann ihm sagen: Siehe, dein Sohn Josef ist zu dir gekommen; da erkräftigte sich Jisrael und setzte sich im Bette auf.
³·Jaakob sprach dann zu Josef: Gott, der Allgenügende, ist mir in Lus im Lande Kenaan erschienen und hat mich gesegnet.
⁴·Er sprach zu mir: Siehe, ich mache dich fruchtbar und vervielfältige dich und lasse dich zu einer Versammlung von Völkern werden und gebe dieses Land deinem dir nachfolgenden Samen zum ewigen Besitz.
⁵·Und nun, deine beiden Söhne, die dir im Lande Mizrajim geboren sind, bevor ich zu dir kam, sind mein: Efrajim und Menasche sollen mir wie Reuben und Schimeon gehören.
⁶·Die Kinder aber, die du nach ihnen erzeugt, sollen dir blei-

ben, auf den Namen ihrer Brüder sollen sie in ihrem Erbe genannt werden.

7. Und ich — als ich von Padan kam, starb mir Rachel im Lande Kenaan auf dem Wege, als noch etwa eine Strecke Landes war bis nach Efrath hin, da begrub ich sie dort auf dem Wege nach Efrath, d.i. Bethlechem.

8. Da sah Jisrael Josefs Söhne und sprach: Wer sind diese?

9. Josef erwiderte seinem Vater: Meine Söhne sind es, die mir Gott hier geschenkt. Er sprach: Nimm sie doch her zu mir, dass ich sie segne.

10. Jisraels Augen waren schwer vor Alter, er konnte nicht sehen. Er führte sie näher zu ihm, er küsste sie und umarmte sie.

11. Da sprach Jisrael zu Josef: Dein Angesicht zu sehen, habe ich nicht mehr für möglich geachtet, und nun hat mich Gott selbst deinen Samen sehen lassen!

12. Da ließ sie Josef von seinen Knieen hervortreten und warf sich auf sein Angesicht zur Erde.

13. Darauf nahm Josef sie beide, Efrajim mit seiner Rechten, zur Linken Jisraels und Menasche mit seiner Linken, zur Rechten Jisraels, und führte sie so ihm näher.

14. Da streckte Jisrael seine Rechte und legte sie auf Efrajims Haupt, und der war doch der jüngere, seine Linke aber auf Menasches Haupt. Er legte seine Hände mit Bedacht, denn Menasche war der Erstgeborene.

15. Er segnete Josef und sprach: Der Gott, vor dem meine Väter sich geführt, Abraham und Jizchak, — der Gott, der mich weidet von meinem Dasein bis auf diesen Tag, —

16. der Engel, der mich erlöst aus allem Übel, segne die Knaben, dass in ihnen mein Name und meiner Väter Name, Abraham und Jizchak, genannt werde und sie den Fischen ähnlich zur Menge gedeihen mitten auf Erden.

¹⁷·Als Josef sah, dass sein Vater seine rechte Hand auf Efrajims Haupt legen wollte, erschien ihm das unrecht; er stützte daher die Hand seines Vaters, um sie von Efrajims Haupt auf Menasches Haupt zu bringen.

¹⁸·Nicht so mein Vater, sagte Josef zu seinem Vater, denn dieser ist der Erstgeborene, lege deine Rechte auf sein Haupt.

¹⁹·Sein Vater weigerte sich und sprach: —Ich weiß es, mein Sohn, ich weiß es, auch er wird zu einem Stamme, auch er groß werden, jedoch sein jüngerer Bruder wird größer als er, und sein Samen wird die Ergänzung der Stämme werden.

²⁰·Er segnete sie an jenem Tage also: Mit dir möge Jisrael also segnen: es mache dich Gott wie Efrajim und Menasche; er setzte Efrajim vor Menasche.

²¹·Darauf sprach Jisrael zu Josef: Siehe, ich sterbe, und Gott wird mit euch sein und euch zu dem Lande eurer Väter wieder zurückbringen.

²²·Ich aber habe dir die Würde des über deinen Brüdern stehenden einen erteilt, die ich dem Emoriten abgerungen mit meinem Schwerte und meinem Vogen.

KAPITEL 49

Jaakob berief seine Söhne und sprach: Sammelt euch alle in einem! Ich möchte euch sagen, was euch in der Hinterlassenschaft der Tage treffen wird.
2.Haltet zusammen und höret, Söhne Jaakobs! Und höret auf euren Vater Jisrael!
3.Reuben, mein Erstgeborener bist du, meine Kraft und der erste meiner Habe, bevorzugt an Würde und bevorzugt an Macht.
—
4.Jedoch eine dem Wasser gleiche Haltlosigkeit lässt den Vorzug nicht zu, denn du hast das Lager deines Vaters erstiegen; da entweihtest du den, der mein Lager erstieg.
5.Schimeon und Lewi, Brüder sinds, allein Werkzeuge der Gewalt sind ihre Bewerbungen.
6.In ihren Rat darf mein Wille nicht kommen, in ihrer Versammlung meine Ehre sich nicht anschließen; denn in ihrem Zorn haben sie an Menschen Mord geübt, und hatten zuvor durch ihre Freundlichkeit deren Stiereskraft gelähmt.

⁷·Fluch darum ihrem Zorne, denn er ist zu stark, und ihrer Ausschreitung, denn sie war zu hart. Verteilen will ich sie in Jaakob und zerteilen in Jisrael.

⁸·Jehuda, du bist es, dir werden deine Brüder huldigen! Deine Hand sitzt in dem Nacken deiner Feinde. Dir beugen sich die Söhne deines Vaters.

⁹·Ein junger, alter Löwe ist Jehuda, über gemeinem Raub bist du, mein Sohn, erhaben. Er kniet, er ruht auch wie ein Löwe, und wer möchte ihn aufreizen zum entflammten Leu!

¹⁰·Nicht wird weichen Herrscherstab von Jehuda und Gesetzesschreibgriffel zwischen seinen Füßen hinweg, bis dass sein scheinbar letzter, schwacher Sprößling starken, altersschwach die Völker zufallen.

¹¹·Er bindet an den Weinstock sein Füllen, an die edle Rebe seiner Eselin Sohn; er hat in Wein sein Gewand gebadet, im Traubenblut seinen Mantel;

¹²·glühender an Augen als Wein, weißer an Zähnen als Milch

—

¹³·Sebulun wird an einer Hafenbucht von Meeren wohnen, wird selbst zu einem Hafen von Schiffen, und sein äußerstes Gebiet wird an Zidon reichen.

¹⁴·Jissachar, ein gelenkes Lasttier, ruht zwischen den Gerätreihen.

¹⁵·Er hat eingesehen, dass Muße das Gute sei, und dass dafür der Boden entsprechend; darum hat er seine Schulter zum Tragen geneigt und sich zum Tribut des Ackerbauers hingegeben.

¹⁶·Dan wird seines Volkes Recht vertreten, wie nur einer der Stämme Jisraels.

¹⁷·Werden wird Dan eine Schlange am Heerweg, eine Natter am Pfade, die beißt des Rosses Ferse, und da ist rücklings der Reiter gefallen.

¹⁸·Auf deinen Beistand hoffe ich, *Gott*!

¹⁹·Gad, manche Freischaar wird wie ein Keil in ihn einfahren, er aber wird wie ein Keil in ihre Ferse fahren.

²⁰·Durch Ascher wird dessen Speise markig, und Königswonnen liefert er.

²¹·Naftali, ein rehgleicher Bote, erzeugt schön gegliederte Reden.

²²·Ein edel hervorragender Sohn war Josef, ein edel hervorragender Sohn schon an der Quelle — Töchter! auch sie schritt über die Mauer! —

²³·Als daher ihn mit Bitterkeiten überschütteten und sich zu Hader verschworen, als mit tiefem Haß ihn sich zum Ziele die Herren der Pfeile erkoren,

²⁴·da blieb doch in unerschütterlicher Ruhe sein Bogen, selbst als schon gülden geschmückt waren die Arme seiner Hände: von den Händen der Schwungkraft Jaakobs, die von dort ab weidet den Stein Jisraels.

²⁵·Es war dies von dem Gotte deines Vaters, der dir ferner beistehen wird; du bliebst bei dem Allgenügenden, der dich weiter segnen wird, mit Segnungen des Himmels von oben, mit Segnungen der Flut, die tief unten ruht; mit Segnungen der Brüste und des Mutterschoßes.

²⁶·Es sind dies die Segnungen deines Vaters, die selbst nur auf Grund der Segnungen meiner Erzeuger zu der Höhe gelangt, bis zu dem Ziele hinan, wohin die Hügel der Zeiten streben; sie werden Josefs Haupt zu Teil, zu Teil dem Scheitel des Enthaltsamsten unter seinen Brüdern.

²⁷·Binjamin wird den Wolf zer reißen, am Morgen schon zehrt er ein Stück, aber am Abend wird er ihn als Beute verteilen.

²⁸·Alle diese sind Stämme Jisraels, zwölf, und dies ists, was ihr Vater über sie ausgesprochen, da er sie segnete; jeden, nach

dem, was seinem besondern Segen gemäß war, hat er sie gesegnet.

²⁹·Er befahl ihnen und sprach zu ihnen: Ich werde hinweggehoben zu meinem Volke, begrabet mich zu meinen Vätern, zur Höhle hin, die im Felde des Chitters Efron liegt,

³⁰·in der Höhle, welche im Felde der Machpela ist, das vor Mamre im Lande Kenaan liegt, welches Feld Abraham vom Chitter Efron zum Grabbesitz gekauft hat.

³¹·Dorthin haben sie Abraham und seine Frau Sara begraben, dorthin haben sie Jizchak und seine Frau Ribka begraben, und dorthin habe ich Lea begraben.

³²·Der Kauf des Feldes und der Höhle, die darin ist, geschah von den Söhnen Cheths.

³³·Als Jakob die Befehle an seine Söhne geendigt hatte, zog er seine Füße in das Bette, verschied und wurde zu seinen Völkern hingenommen.

KAPITEL 50

Da warf sich Josef auf das Angesicht seines Vaters und weinte über ihm und küßte ihn.
²·Josef befahl seinen Dienern, den Ärzten, seinen Vater einzubalsamieren, und die Ärzte balsamierten Jisrael ein.

³·Es wurden ihm vierzig Tage voll, denn also war die volle Zeit der Einzubalsamierenden. Die Ägypter beweinten ihn siebzig Tage.

⁴·Die Tage seines Beweinens waren vorüber, da sprach Josef zu dem Hause Pharaos also: Wenn ich denn Gunst in euren Augen gefunden habe, so sprechet doch zu Pharaos Ohren also:

⁵·Mein Vater hat mich also beschworen: siehe, ich sterbe, in mein Grab, das ich mir im Lande Kenaan bereitet, dorthin begrabe mich. Und nun möge ich doch hinaufziehen, meinen Vater begraben und wiederkehren.

⁶·Pharao sagte darauf: Ziehe hinauf und begrabe deinen Vater, wie er dich hat schwören lassen.

⁷·Josef zog nun hinauf, seinen Vater zu begraben, mit ihm

zogen alle Diener Pharaos hinauf, die Ältesten seines Hauses und alle Ältesten des Landes Mizraim,

⁸·das ganze Haus Josefs, seine Brüder und das Haus seines Vaters; nur ihre Kinder, ihre Schafe und ihre Rinder ließen sie im Lande Goschen.

⁹·Auch Wagen und Reiter zogen mit ihm hinauf; es war das Lager sehr bedeutend.

¹⁰·Sie kamen zur Dorntenne diesseits des Jardens und hielten dort eine sehr große und bedeutende Totenklage; er veranstaltete seinem Vater eine siebentägige Trauer.

¹¹·Der kenaanitische Bewohner des Landes sah die Trauer in der Dorntenne und sie sprachen: Das ist eine bedeutende Trauer für Mizrajim! Darum nannte er sie: Mizrajim in Trauer; sie ist jenseits des Jardens.

¹²·Sodann erfüllten an ihm seine Söhne also, wie er ihnen befohlen.

¹³·Es trugen ihn seine Söhne ins Land Kenaan und begruben ihn in der Höhle des Feldes der Machpela, welches Feld Abraham zum Grabbesitz von dem Chitter Efron vor Mamre gekauft hatte.

¹⁴·Josef und seine Brüder und alle, die mit ihm hinaufgezogen waren, Mizrajim zurück, nachdem er seinen Vater begraben hatte.

¹⁵·Die Brüder Josefs sahen, dass ihr Vater gestorben war und sagten: Wenn Josef doch einen stillen Groll gegen uns in sich bergen sollte! Er könnte jetzt uns all das Böse zurückgeben, das wir an ihm vollbracht.

¹⁶·Sie gaben daher den Auftrag, Josef zu sagen: Dein Vater hat vor seinem Tode also beauftragt:

¹⁷·Also saget Josef: O doch, verzeihe doch das Verbrechen deiner Brüder und ihr Vergehen, dass sie Böses an dir vollbracht

haben. Und nun, gewähre doch Verzeihung dem Verbrechen der Diener des Gottes deines Vaters! Josef weinte, als man also zu ihm sprach.

18. Es gingen dann auch seine Brüder und warfen sich vor ihm nieder und sagten: Hier sind wir dir zu Knechten!

19. Josef aber sagte zu ihnen: Fürchtet nichts! Denn bin ich denn an Gottes Statt?

20. Habet ihr auch Böses über mich gesonnen, Gott hat es zum Guten gewollt, um dies Gegenwärtige zu gestalten, ein zahlreiches Volk zu erhalten. mehr versorgen werde ich euch und eure Kinder! Er tröstete sie und sprach ihnen ans Herz.

21. Und nun fürchtet nichts! Vielmehr versorgen werde ich euch und eure Kinder! Er tröstete sie und sprach ihnen ans Herz.

22. So wohnte denn Josef in Mizrajim, er und seines Vaters Haus; und Josef lebte hundertundzehn Jahre.

23. Josef sah von Efrajim Kinder des dritten Geschlechtes, auch Kinder Machirs, des Sohnes Menasches, wurden auf Josefs Knieen geboren.

24. Josef sprach zu seinen Brüdern: Ich sterbe. Und Gott wird doch euch einst wieder bedenken und euch von diesem Lande zu dem Lande hinaufführen, das er Abraham, Jizchak und Jaakob zugeschworen.

25. Josef beschwor Jisraels Söhne also: Wird Gott euch einst wieder bedenken, so habt ihr meine Gebeine von hier hinaufzubringen.

26. Josef starb im Alter von hundertundzehn Jahren; man balsamierte ihn ein, und er wurde nach seinem Willen in einen Sarg in Mizrajim gelegt.

Copyright © 2020 by FV Editions
Cover Design : FVE
Ebook ISBN : 979-10-299-0888-0
Paperback ISBN : 9798640906974
Hardcover ISBN : 979-10-299-0889-7
All rights reserved.

www.ingramcontent.com/pod-product-compliance
Lightning Source LLC
LaVergne TN
LVHW042249070526
838201LV00089B/91